来华留学生跨文化管理研究

Research on Intercultural Management of International Students in China

张 莹/著

燕山大学出版社
·秦皇岛·

图书在版编目(CIP)数据

来华留学生跨文化管理研究 / 张莹著. —— 秦皇岛：燕山大学出版社，2024. 12. —— ISBN 978-7-5761-0796-8

Ⅰ. G648. 9

中国版本图书馆CIP数据核字第2025W58T14号

来华留学生跨文化管理研究

LAIHUA LIUXUESHENG KUAWENHUA GUANLI YANJIU

张 莹 著

出 版 人：陈 玉

责任编辑：臧晨露　　　　　　　　　　策划编辑：冯 哲

责任印制：吴 波　　　　　　　　　　封面设计：青兰文化

出版发行：燕山大学出版社　　　　　　电 话：0335-8387555

地　　址：河北省秦皇岛市河北大街西段438号　　邮政编码：066004

印　　刷：涿州市殷润文化传播有限公司　　经 销：全国新华书店

开　　本：710 mm × 1000 mm　1/16　　印 张：11

版　　次：2024年12月第1版　　　　　印 次：2024年12月第1次印刷

书　　号：ISBN 978-7-5761-0796-8　　字 数：200千字

定　　价：68.00元

目 录
CONTENTS

第一章
绪　论

第一节　研究背景

"学生事务"最初是一个舶来词语,最早源于美国高等教育领域的"Student Affairs"这一历史的、动态的概念。随着我国高校大学生工作内容的不断丰富与拓展,其"管理性"特点日益明显,"学生事务管理(Student Affairs Administration)"这一专业术语开始得到人们的广泛接受与运用,并逐渐成为当前高校大学生工作理论与实践领域出现频次最高的核心词汇之一。

随着国内外高等教育管理理念与实践的不断发展成熟,"高校学生事务管理"成为20世纪90年代末在国内学界兴起的一个新的议题,尽管其在英美地区已经发展得非常成熟并且已经形成体系,但是由于政治、经济及历史原因,我国在该领域却处于刚刚起步的阶段。

随着高等教育国际化发展水平的不断提升,学界对于学生事务管理的研究也逐步拓展至留学生事务领域,研究水平也一步步提升至专业化与科学化的高度。

外国人来华留学的历史源远流长,最早可以追溯至春秋战国时期,并在盛唐时期达到顶峰,那时候有来自世界各地的外国人远渡重洋来到中国进行学习,这些人大多数背负着国家赋予的使命而来,抵达中国后在国子监中与本土学子一同学习。他们不仅学习中国先进的制度与文化,还学习佛法、算术、律法、天文、历法、音韵等知识。《东史纲目》曾这样记载:"新罗自事唐后,常遣王子宿卫,又遣学生入太学习业,十年限满还国,又遣他学生,入学者多至百余人。"在中国古代与周边国家的文化交流中,唐朝与新罗的来往最为密切。当时新罗学生的学习期限大约为9~10年,学满后可申请回国。而古时候的留学教育基本属于文化交流范围,还未形成完整的留学体系。

现在人们常说的来华留学生主要是指新中国成立后来中国留学的外国学生。1950年11月30日,第一批来自罗马尼亚、保加利亚、匈牙利的14位留学生在抵达中国后前往清华大学进行学习,接着东欧其他社会主义国家的学生也分批进入清华大学中国语文专修班学习。1950—1966年,来华留学生均为社会主义国家的留学生,教育目标是履行国际主义义务,为友好国家培养人才。来华留学教育步入正轨是在改革开放以后,1978年,中国首次实行在国外通过考试录取留学生的做法,使来华留学生的素质有了保证。1989年,教育部发布允许学校接收外国人自费来华留学的政策,大幅调动了学校发展来华留学教育的积极性,自此之后,来华留学生数量呈逐年上升趋势。

1978年,来华留学生数量为1 900人;1991年,来华留学生数量首次突破1万;2002年,来华留学生总数超过8万5 000人。2010年,教育部提出了一项为期10年的《留学中国计划》,目标是在2020年全年留学人员数量达到50万人次。到2014年,已经有超过37万名各类外国留学人员来华学习,2018年,人数已经达49万人。根据教育部发布的《2023年全国教育事业发展统计公报》,2023年,共有来自214个国家和地区的51.6万名国际学生来我国高校就读,其中学历生占比为28.9%。在此之后,来华留学生人数仍将不断增长,来华留学的质量规范与监管体系不断完善,来华留学生结构不断优化,国家还为来华留学生设置了专门的奖学金。

经济全球化发展下的世界,教育是各国交流的重要途径。我国高校对于国际生源的影响力也在不断提升,根据《中国留学发展报告(2020~2021)》蓝皮书数据显示,当前我国已经成为世界第三、亚洲第一留学目的地国,来华留学生人数在持续增长中,越来越多对汉语以及中国文化感兴趣的外国学生,选择公派或自费来华学习,在中国感受人文气息并学习专业相关知识。

根据相关数据显示,韩国是来华留学生源的最大来源国,2019年,有5.06万韩国学生在华学习,占比达到了22%,其次是泰国,留学生人数达到了2.86万人,占比13%,还有来自巴基斯坦、印度、美国、俄罗斯、印度尼西亚、日本等地的留学生在华学习,可以看出,来华留学生大多数来自亚洲,西方国家的学生相对较少。从这个层面上看,一方面,来华留学对于地理位置较远的欧美等国的学生吸引力较低;另一方面,也可能是我国高校在国际上的影响力和宣传力度不足,相比较而言,目前赴美就读的中国留学生却有30万之多,占全美国际留学生的1/3。

国家之间少不了交流,学校与学生之间的交流更是尤为重要。随着我国教育对外开放程度的不断提高,汉语国际化的脚步势不可当。中国大学定期组织在华留学生参加各类体验中国文化的课程,让留学生们与中国学生进行语言交流,同时使留学生对中国文化有更深入的了解。越来越多的留学生可以熟练地掌握汉语,并通过汉语认识最真实最美好的中国,他们也将作为文化的传播者,让更多人对中华文化、汉语学习产生浓厚的兴趣。

来华留学生已经成为评价一所大学国际化教育水平、世界影响力和全球竞争力的重要指标,加大留学生招生规模也是欧美世界一流大学增加学校收入的重要渠道。

北京语言大学是最受国际留学生欢迎的中国大学,国际留学生人数高达9 056人,雄踞艾瑞深校友会2020中国大学国际留学生排名冠军。对外经济贸易大学8 555人,居第2;北京大学7 793人,位列第3;上海交通大学第4,浙江大学第5。云南民族大学表现突出,留学生人数高达5 812人,跻身全国10强,雄踞中西部地区大学第1。“北上广”等一线城市的大学是多数外国留学生的首选,这里有优质的学习环境和突出的教育资源,同时可以享受低廉的学费以及奖学金政策,日常出行方便快捷,这些都是“北上广”等一线城市大学被外国学生选择的主要原因。

乘着国家“一带一路”发展机遇的东风,2015年以来,来华留学生规模稳步增长,生源结构不断优化;来华留学生生源国覆盖范围稳定,“一带一路”沿线国家成为来华留学发力点。

2016年2月,中共中央办公厅、国务院办公厅印发《关于加强外国人永久居留服务管理的意见》,提出要“放宽外国优秀留学生在华工作限制,为其毕业后在中国境内工作和申请永久居留提供渠道”。

2017年1月,人力资源和社会保障部、外交部、教育部《关于允许优秀外籍高校毕业生在华就业有关事项的通知》发布,对于达到硕士及以上学位、专业对口的优秀外籍毕业生,不再有2年相关工作经历要求,允许其直接在华就业。

2021年8月10日,中共中央总书记、国家主席习近平在给“国际青年领袖对话”项目外籍青年代表的回信中表示,欢迎更多国际青年来华交流,希望中外青年在互学互鉴中增进了解、收获友谊、共同成长,为推动构建人类命运共同体贡献青春力量。

近年来出台的外籍高校毕业生在华就业创业政策正在发挥积极作用,吸引着更多优秀外籍青年人才在中国扎根。政策利好对推动来华留学生就业具有重大意义，教育部举办的来华留学生招聘会可以帮助更多的留学生在中国找到合适的工作岗位。推动来华优秀留学生落地是多地发展的方向，上海、北京等人才聚集地也在不断吸纳优秀国际人才，用积极的政策表明了态度，未来中国将进一步吸引全球优秀人才集聚，让更多外国友人来到中国，认识中国，在这里学好知识，顺利就业，在中华大地上展现国际化人才的雄风。

来华留学生人数的激增，使得一些前所未有的问题日益凸显，如何适应时代发展的需要，从根本上转变观念，提高高校来华留学生跨文化管理的科学化水平，成为学界关注的焦点。

在我国来华留学生教育发展的初期，由于留学生人数少，规模小，活动范围有限，我国政府出于多方面考虑而采取单独的管理模式，而这种管理模式直接呈现的特点就是对留学生无论从生活上还是学习上都给予了一定程度的"特殊照顾"。例如，在学习上，设有专用的留学生教室，配有专门的留学生汉语及学科辅导老师，甚至在课后，也会安排中国学生对学习困难的留学生进行一对一的帮扶；在生活上，学校会有专门的留学生公寓、留学生餐厅，留学生公寓内会配置留学生专用厨房、洗衣房等。这一时期，由于留学生人数较少、规模较小、活动范围有限的现状，留学生管理人员也相对较少，且多数为兼任，尚未有专职的来华留学生事务管理人员。

鉴于我国当时特定的历史条件，不能否认，这种传统的以"特殊照顾"为显著特点的"特殊化"管理理念与单独的管理模式在一定程度上对于留学生事务的有效管理曾经起到过积极的推动作用。但是，随着我国改革开放的不断深入，政治、经济迅猛发展，我国国际地位不断提升，作为一个迅速崛起的东方大国，我国对世界的影响力日益扩大，我国政府正逐步顺应世界高等教育国际化的发展潮流，并相继出台了一系列政策，特别是"中国政府奖学金"项目的进一步完善，资助类别、资助金额不断增加，资助对象范围不断扩大，成为来华留学生教育事业进入新的发展阶段的助推器。

政治、经济的发展和政府政策的有力推动与支持，使得中国以更加开放的姿态吸引着越来越多的留学生怀着各种不同的目标与愿望来学习深造。他们或钟情于中国悠久的传统文化底蕴，或探寻中国迅速崛起的发展之路。留学生的目光已经不再局限于校园内的理论学习生活，而是逐步投向了内容更加丰富、形式更加多样化的社会生活领域，他们融入中国社会的需要越来越强烈。

来华留学生数量急剧上升,层次越来越多,人员构成及背景也越来越复杂,活动范围急剧扩大,国别、民族、信仰各有差异,能否做好来华留学生事务的管理工作,事关学校与社会的稳定大局。在这样的时代背景下,无论是从管理、教学还是从生活上,传统模式下的"特殊照顾"理念很显然已经无法适应留学生规模激增的现实,留学生迫切需要融入中国社会的现实状况对传统的留学生事务管理模式提出了巨大挑战。

文化休克、观念冲突、语言交流与沟通障碍、管理体制机制滞后等问题的凸显呼唤新的管理理念与方法的诞生,因此,对"高校来华留学生事务"跨文化管理的研究至此成为"高校学生事务管理"领域另一个崭新的课题。在经济全球化、文化多元化、高等教育国际化的时代背景下,只有转变观念,走"跨文化"的多元管理之路,才能在错综复杂的国际环境中实现中外多领域、多层次的交流与融合、互补与借鉴,才能从根本上提升来华留学生事务管理的科学化、规范化水平。

一、高等教育国际化

随着全球社会经济的不断发展,世界各大洲之间的联系日益紧密,各方面的交流也日趋频繁,作为现代社会重要部分的高等教育联系也日益紧密,世界各国高等教育相互交流与进步。在这一过程中,世界教育的联系逐渐加深,高等教育的国际化程度、水平持续提高,在这一国际化发展的趋势下,全球各国的高等教育生源进行交换,呈现一定的流向特征,即以发展中国家流向发达国家为主,发达国家生源流向发展中国家的比例较少,且以短期性的交换生为主,其留学目的多是了解体验亚非拉发展中国家迥异的人文社会与自然环境,根据近年来国际留学生的洲际流向数据统计可以清晰地看出这一发展特征。

中国作为发展中国家的一员,受经济、社会、高等教育水平等客观因素的限制,对于美洲、欧洲国家生源的吸引力较弱,西方世界来华留学的学生人数与占比相对较小。改革开放以来,中国经济迅速发展,综合国力与日俱增,中国经济社会水平得到持续高速发展,展现出极为强大的活力,高等教育对于中国社会发展的支撑让世界各国看到中国高等教育水平的提升与活力。同时,对来华留学所持有的积极态度与包容性政策,极大提高了中国对于世界各地留学生生源的吸引力。多方面因素综合形成中国高等教育对于亚非拉国家留学生生源强烈的吸引力,三洲来华留学生人数不断增长。

二、"一带一路"倡议等政策背景

当前,随着我国改革开放的持续深入,与世界各国的联系日益紧密,对外开放水平与程度不断提高,政府部门在当前世界经济社会一体化进程中,顺应时代的历史发展潮流,以积极的态度融入世界一体化之中,提出了一系列重大的对外开放政策,如得到国际社会高度关注的共建"21世纪海上丝绸之路"和"丝绸之路经济带"(以下简称"一带一路")重大倡议等。

2015年3月30日,国家发展改革委、外交部与商务部共同发布了《推动共建丝绸之路经济带和21世纪海上丝绸之路的愿景与行动》,文件中所包含的"扩大相互间留学生规模,开展合作办学,中国每年向沿线国家提供1万个政府奖学金名额……深化沿线国家间人才交流合作"等内容,是进一步发展来华留学教育的"号角",对新时期来华教育规模与水平的提高提出了新的要求。

随后,在教育领域的配套文件《推进共建"一带一路"教育行动》(以下简称《教育行动》)中又设计了"教育行动五通",即"加强教育政策沟通""助力教育合作渠道畅通""促进沿线国家语言互通""推进沿线国家民心相通""推动学历学位认证标准联通",并作为五大基础性举措,开展教育互联互通合作。《教育行动》设计了"四个推进计划"作为支撑性举措,如实施"丝绸之路"留学推进计划。党的十八大以来,"一带一路"沿线国家留学生数量增长明显,2016年,沿线64国在华留学生共207 746人,同比增幅达13.6%,高于各国平均增速。

2017年1月,教育部、财政部、国家发展改革委印发《统筹推进世界一流大学和一流学科建设实施办法(暂行)》的通知,文件内容中提到:"文化传承创新方面,传承弘扬中华优秀传统文化,推动社会主义先进文化建设成效显著;增强文化自信,具有较强的国际文化传播影响力;具有师生认同的优秀教风学风校风,具有广阔的文化视野和强大的文化创新能力,形成引领社会进步、特色鲜明的大学精神和大学文化。"这一系列内容从多个角度给予来华留学教育的文化特色以重大关注,将其发展水平作为"一流"高校的重要性指标,来华留学教育获得众多的政策支持。

在《教育部2018年工作要点》中将来华留学教育作为其工作的要点内容之一,"出台来华留学教育质量标准,加强来华留学质量保障机制建设。继续实施'鲁班工坊''中非20+20''丝路1+1''友好使者'等特色项目"。另外在《关于做好新时期教育对外开放工作的若干意见》《关于加强和改进中外人文交流工作的若干意见》等众多的政策文件中,提出了培育"留学中国"品牌策略。高等教育中的来华留学教育是推动这一系列政策落实的关键所在,来华留学教育所培养的外国友人,是连接中外双方的关键桥梁,也是让世界认识中国、接纳中国的重要性人才支撑。

第二节　研究原因与研究意义

系统而深入地对"高校来华留学生跨文化管理"这一极具时代特征的课题进行研究,从理论层面上看,不仅是对来华留学事务管理理论的充实与丰富,同时是对管理学理论、多元文化发展理论、跨文化理论体系的一种新的拓展。

对"高校来华留学生跨文化管理"的深入探讨,从实践层面上看,对于发现并剖析来华留学教育管理过程中的各种问题,改变滞后的管理理念与方式,构建规范化、制度化、多元化的留学生跨文化管理模式,增强高校对来华留学生事务管理的实效,从整体上提高留学生教育管理工作的专业化与科学化水平起着积极的推动作用。

对来华留学生进行跨文化管理,是具体问题具体分析的体现,是解决特殊矛盾的过程,是科学的、实事求是的态度和方法。如果认识不到这些,简单地用对本国学生管理的措施对待来华留学生,是盲目的、机械的、笼统的。来华留学生事务具有特殊性,是教育的组成部分,留学生来源与文化背景的特殊性,并不与教育管理的目的和原则相对立,也不与管理过程发生根本冲突。从这个意义上看,强调跨文化管理的趋同性是符合教育管理规律的体现。科学管理不会因为对象的成分不同而改变其根本体系,跨文化管理也必定是在坚持初始目标的基础上实现原则性与灵活性的统一。来华留学生的到来,在校园文化中加入了多元的成分,促进了校园文化的发展。在这种情况下,如果把针对来华留学生的教育、管理原则、方法过分独立化,就不能适应教育国际化的发展。跨文化管理并不排斥管理过程中的个别内容与方法。正是认识到了来华留学生本身的文化多样性,才会有跨文化的管理手段和方法。实践中现行的针对来华留学生的管理所制定的相应政策和法规、制度和办法,是科学地做好跨文化管理不可或缺的部分。

跨文化管理不是空泛的,实施来华留学生事务的跨文化管理,既是必要的,又是可行的。社会发展也必将使跨越不同文化的人类交流愈加频繁,实施跨文化管理能够增强不同文化的认同感和包容性,从而更好地促进语言文化的发展,以及不同语言、文化之间的交流与沟通。而对来华留学生跨文化管理的研究恰恰体现出这样的现实意义。

第一,不同文化的碰撞增强了留学生的应变能力、对文化多样性的认同与包容,从而更好地促进不同文化的交流与沟通,提高留学生对社会的适应能力。

第二,留学生在接受汉语知识的同时,充分汲取中国文化精髓,视野不断开阔,知识面不断拓展,全球性文化视野和吸纳人类有益文化的态度与意识不断增强。

当前在"习近平新时代中国特色社会主义思想"、"一带一路"新思想与高等教育"双一流""内涵式"发展等一系列重大现实背景下,来华留学教育得到全社会的普遍关注与重视,其质量水平与管理的现实性问题在留学教育的进一步深化发展中逐渐凸显。在留学教育人数与规模达到一定程度的今天,留学教育逐渐由人数的增长与规模的扩大、来源国家的发展水平、留学学历等级的上升、留学学科的均衡分布等转向为提高留学教育质量与管理的真实性内涵。在留学生管理方面,通过管理模式、管理机制、管理意识、管理具体方式等一系列行之有效的管理对策改革与创新,提高留学生管理水平,向管理要"质量",以管理促发展,提高留学教育的整体水平,使国家层面"一带一路"高等教育的有效链接与校级层次"双一流"目标良好实现。打破留学生教育管理中的"特殊化照顾""单独管理"的奇特怪圈,真正培养出具有国际化视野与素养的海外留学生,使其成为更加充分地认识中国、理解中国、促进中外合作的人才。

在当前来华的留学趋势中,沿海地区为留学生主要留学选择地区,其开放度高,经济尤其资助水平、交通社会等条件较中西部地区更好,对来华留学生的吸引力普遍较高,沿海地区高等院校的留学规模总量较大。同时,其地方本科高校占全国总体院校的比例大,数量优势明显,留学生吸纳能力的潜力大,留学教育的上升空间充足。另外,沿海地区地方本科高校本身的办学质量达到一定水平后,吸纳国际留学生是继续提高其教育质量、培养国际化人才的有效途径之一,满足了其自身的教育发展需求与国家发展留学教育的迫切愿望。但在其进行留学教育的过程中,留学生的跨文化管理成为当前主要的显性问题,极大地影响了留学教育规模的进一步扩大与质量的持续性提高,因此本书主要以发达地区本科高等院校的来华留学生为研究对象,通过研究当前其留学期间的跨文化能力状况与对于管理现状的满意度,寻找影响跨文化管理现状的主要问题及其原因所在,打破与消除跨文化管理中的特殊化"照顾"模式,实现对于留学生的正常化与平等化管理,不为"留学生"而"留"学生。对来华留学生的管理与对本土学生管理是否真的存在差异化,中国与欧美等其他国家留学生管理是否存在不同的管理表现,应该如何正确看待及实现留学生的跨文化趋同化管理等系列问题成为本研究的主题。提高对留学生的管理水平,提升地方本科高校留学教育的吸引力,以期更好地促进地方本科高校的留学教育质量的内涵式发展,推进其国际化的进一步深化。

地方本科高校来华留学生跨文化管理有着较为重要的理论与实践意义。在地方本科高校的国际化发展过程中,对留学生的跨文化管理成为其留学教育质量的重要影响因素,如何提高其跨文化管理水平成为全国众多地方本科高校重要性研究议题。

研究的理论发展方面主要分为两点。一是本研究将跨文化管理理论运用到来华留学生教育管理领域,丰富和拓展了跨文化管理研究外延,是对其理论的一次重要应用。跨文化管理是20世纪六七十年代以来产生于美国的一门新兴学科,其主要研究在企业等经济领域尤其是跨国公司如何在跨文化条件下进行有效管理,国内对此的研究主要是介绍其在经济领域的相关理论与应用,本研究力图从对高等教育领域跨文化管理着手,采用理论研究与实证研究相结合的研究方式,验证跨文化管理理论的正确性与适用性,对不同文化群体来源的留学生的文化差异感受进行调查研究,无疑是对跨文化管理学理论框架的丰富与拓展。

二是为留学教育的理论研究提供了新的研究视角,以往留学教育的研究方面主要是从留学生来源结构与规模等方面入手,强调对于留学教育整体现状及趋势研究,对于留学生语言学习教育研究较多,但对于留学生跨文化管理则研究不足且缺乏相应的理论基础,细致化程度不够,策略的针对性不强。本研究从更为具体的跨文化管理角度入手,重点研究管理中的文化差异与现状,并对此提出相应的政策建议,更加细致具体,操作性与针对性强,有利于解决跨文化适应问题中现实性的关键管理问题,提供了留学生教育研究的另一具体视角。

从研究的实践意义方面看,本研究为地方本科高校解决来华留学生跨文化管理问题提供针对性的可操作建议。当下,随着中国国际影响力的不断提升,越来越多国家或地区的不同文化背景和特质的学生选择来中国留学,有的来攻读学位,有的进行短期交流、交换或访学,要想在较短的时间内使其较快地融入中国的留学生生活中去,并取得良好的留学效果,高校对来华留学生开展有效的跨文化管理必不可少,这也是来华留学教育管理中的重要一环。本书拟从这一现实性需求问题出发,对此进行调查研究,分析跨文化管理的关键因素——文化差异影响,并对案例高校跨文化管理中的现状与问题提出有针对性的意见、策略,来有效地帮助其改善跨文化管理的状况,实现良好的跨文化管理,提高来华留学教育的内涵质量发展。

第三节 研究的核心概念界定

一、文化

文化,是历史长河中最为初始的概念之一,从人类文明的起源期起就已经形成并进行着动态的演化过程,但对于其准确定义,至今都有着不同的理解。英国的人类学家泰勒最先给文化下定义,在其《原始文化》中将其定义为:"文化和文明就其广泛的人种学而言,是一个复杂的整体,包括知识、法律、道德、信仰、风俗以及作为社会成员的人所获得的才能和习惯,是人类为使自身适应环境和改善其生活方式的努力的总成绩。"文化在《朗文当代英语词典》中意指社会人所接受并共享的观念、信仰以及习惯。中国权威辞书《辞海》对文化的两层含义解释为:"广义指人类社会的生存方式以及建立在此基础上的价值体系,是人类在社会历史发展过程中所创造的物质财富和精神财富的总和……狭义指人类的精神生产能力和精神创造成果,包括一切意识形式:自然科学、技术科学、社会意识形态。"

文化按具体含义划分有着不同的分类标准依据与结果,如按文化的主客观性可以将文化划分为价值标准、社会习惯、宗教信仰、处事方式与自我定位等主观性文化与穿着方式、饮食习惯、建筑风格与道路构造等客观性文化。同时,文化作为一种社会人的言行规范,正式、非正式、技术这三类言行规范的分类结果清晰地表明了个人文化的可变性。首先,正式规范指的是人的基本价值观念,是判别是非、对错的评价标准,具有较强的自主性与深度性,能在较大程度上有效抵抗源于外部的强制性改变力量,因此在来华留学生跨文化管理中正式规范所引起的文化冲突并不能轻易被改变。非正式规范是指处于不同社会中人群的生活习俗、习惯等,受到周边人群生活方式等外部环境影响而改变的可能性较大,在来华留学生管理中的应用为:可以通过一段时间的中外文化交流,使得来华留学生理解、克服此类文化冲突。技术规范是指人们具体性、个体化的经验、知识、技术等,这一层面的文化可以通过人们日常的知识、技术的学习而获得,容易得以改变。

二、跨文化

存异文化群体的共处与发展提出了跨文化的客观现实要求,随着世界一体化进程的逐步推进,不同群体接触、相处以求共同发展的机会与可能性大大增加,这意味着现实中单一性文化群体独处的可能性逐渐减小,而更多的是具有多元化文化背景的群体性共处,即跨文化的新群体性特征的强化现实。跨文化(Intercultural or Cross-Culture)是指具有两种或两种以上不同文化背景的群体之间的交互作用。"跨文化"是定义不同文化背景人群的互动作用。文化冲突即"文化休克"(Culture Shock),是指一个人初次进入不同文化环境时在心理上和生理上产生的不适,1960年美国文化人类学家卡尔维罗·奥博格(Kalvero Oberg)首次提出这一概念。

面对来自不同文化背景,具有多面性、差异性文化特质的群体与个人,必须将整个管理过程与迥异、相近、共存的文化相结合,制定的各类管理政策内容需有跨文化的针对性,即面对不同的文化群体与个人如来华留学生时,应实施跨文化管理。在对来自世界各个国家与地区带有不同文化特征的来华留学生管理中,文化的差异性是中、外留学生体貌差异以外的另一重大关键差别所在,对于日、韩等与中国人的人种、样貌相近的留学生而言,文化差异甚至是唯一的可辨别特征。这一明显性、客观性的文化异同,是管理的基础与出发点。同时,由于管理的对象为学生,这一特性又决定了管理的发展性内涵——以管理促进留学生的发展。

三、跨文化管理

管理作为对于资源的合理性配置的有效手段,其宗旨有着明确的发展性内涵。跨文化管理(Cross-Cultural Management)最初在跨国公司管理等经济管理领域中出现与发展,也被称为交叉文化管理,是指对涉及来自不同文化背景中的人、物与事件的管理,即跨文化的国际性经营公司把文化、经济与政治上的多样性结合起来进行管理。

跨文化管理作为"二战"后全球化浪潮下经济学领域诞生的新兴学科,融合了人类学、社会学和管理学的现代研究成果,主要研究经济领域的跨文化管理问题,即如何在跨文化条件下设计可行的管理机制和组织结构,有效地利用人力资源价值,避免文化冲突,提高企业的综合效益。随后逐渐分化为文化群学派、普遍性学派和经济群学派等三个主要派系。随着高等教育的国际化不断深入发展,其主体人员——学生与教师的国际化文化背景也逐渐加深,高等院校也成为一种跨文化特色鲜明的形式组织。高等教育领域的跨文化管理是对不同文化背景下具有不同价值观的个体以及他们所构成的组织的管理,强调理顺文化差异、价值观认同与个体激励、组织信任、团队合作等组织行为之间的相互关系,并以此为管理基础控制文化冲突,做出合适的文化融合策略选择。

高等教育领域来华留学生跨文化管理是在全球化发展浪潮下不可阻挡的管理理念,其可以定义为在高校中融合多国家、多民族的差异性文化并在此基础上形成特色的校园文化,使得校园文化环境更具有多元国家文化色彩、更体现现代人性化、更和谐,易于被高校中来华留学生普遍接受的管理模式,通过这种潜在性的文化管理模式将中国特有的管理理念、价值观等中国文化在来华留学生个体上外显并传播到其他国家地区,实现来华留学生跨文化管理的真正目的——传播中国文化,培养知华、友华和爱华的来华留学生。

留学生是指离开原来所属国家(地区)到异国他乡有着一段时期该国教育经历之人,但不具有留学国公民身份、永久居留权等政治特征,一般是指进入另一主权国家的学生。来华留学生归属于其中,特指来中国求学的外国学生,既有短期性的交换生也包括本硕博的学历生,以及分为普通和高级的进修生,但主要以学历生为主,是我国高等教育的重要组成部分。

来华留学生具有与中国本土学生一定程度上差异化的外显性与内隐性的文化特征,外显性特征主要有肤色、服饰装扮、饮食习惯、语言文字等,而内隐性文化特征则包括世界观、人生观、价值观等深层次的文化属性,这些文化属性的形成和变化与留学生来源国家、地域特征有着密切的关联,也与家庭因素、个人经历有着较为密切的关系,受环境影响较大,同时其变化还具有年龄阶段的差异性。高等教育中的来华留学生一般已经成年,具有较为稳定的文化属性特征,人生观等内隐文化基本形成,生活行为习惯同样初显稳定,来华后周边地理、人文环境的改变对其提出了文化适应的挑战,也对其管理者提出了跨文化管理的难题。

我国高校根据不同的分类标准有不同的分类结果,如根据院校的学科类型,可以划分为理工类、文史类院校等。根据国家教育发展中心公布的最新高校分类标准,将各高校分为四种类型:研究型、教学研究型、本科教学型、专科教学型,其分类依据是高校的主要职能。而根据高校的服务范围广度,可以将其分为全国性高校和地方性高校,二者在管理部门、招生、主要服务对象等方面存在不同,地方性高校更多地倚靠与服务地方性社会、经济文化,与地方保持密切的联系。但同时应该正确地认识到,高校的类型并不一定是大学水平的体现,就现阶段而言,因历史性的发展条件不一,这一分类呈现较为明显的发展水平差异,随着各类高校的不断发展,尤其是其自身的特色性发展,高校发展水平的评价标准将逐渐从类型划分向特色化内涵质量性转变,即不以类型定"英雄",地方性高校同样有可能以自身的特色化内涵发展成为高水平的一流高校。

地方性高校,其基本职能为教学与地方服务的综合化,即教学与社会服务"齐头并进",但以教学优先,这类高校以"本科"院校为历史基础,以自身的特色性、内涵式发展作为院校发展的目标,但其发展的历史性条件不一,诸如办学经费、生源质量、教师水平、管理模式、院校知名度等条件不一。沿海地区等发展水平较高的地方性高校在高等教育国际化的进程中,对来华留学教育的特色化发展需求较为强烈,依靠地方性的经济文化特色,来华留学教育的发展条件较为充足。其院校数量比例较大,可吸纳留学生数量的潜力大,因此以此类高校为研究型院校,对于提高我国来华留学教育有着较好的普适性。同时,由于一些地方性高校片面追求留学生教育外延——留学生规模发展,但自身对外汉语教学起步较晚,留学生教育方面的师资及管理人员相对匮乏,教育管理工作滞后成为制约各地方性高校留学生教育发展的"瓶颈"。如何在实践中不断更新观念,探索行之有效的管理模式与方法是一个需要研究的重要课题。

第四节 国内来华留学生跨文化管理相关研究综述

一、管理理念与模式研究

当前,在来华留学生教育管理的已有研究中对于来华留学生的跨文化管理有了一定程度的研究,学者对此发表了不同的见解。学者张磊首先认可了来华留学生管理的重要意义,把来华留学生教育管理与我国的国际形象和对外关系、高校校园的和谐稳定紧密联系在一起,提出在来华留学生管理工作中应正确处理好宽严并行、刚柔并济、同异共存的关系,将其作为来华留学生教育管理的"抓手",提高管理效率。林宣贤从来华留学生管理中文化冲突的角度,提出了自身相应的见解,指出在高校来华留学生群体中的文化冲突诸如物质文化和制度文化的表层冲突、行为文化和精神文化的里层冲突,二者的具体表现为:生活适应性问题,语言障碍问题,制度理解偏差问题,教与学的关系,管理与被管理的关系,信仰与价值观、人生观的差异等。

冒大卫从管理理念与管理模式创新的角度出发,研究来华留学生群体的特征与来华留学管理的粗放式问题模式,提出相应的对策建议:强化管理职能,改善与来华留学生的沟通渠道;管理部门科学分工,明确来华留学生管理具体性责任部门与人员;针对来华留学生培养的阶段性特征,提高管理工作的精致化水平。

张健、张宪以高校来华留学生教育管理模式的发展趋势为基础,提出建立健全社会、政府、高校强强结合的"三角联合体"管理模式,打造更宽泛的来华留学教育管理发展空间,成立外事校领导、教务处、学生处、保卫处等多方构建的协调领导小组,全面协调全校留学生管理的各类工作,明确管理职责,实行"一体化"管理模式。学者陈晨从中国优秀传统文化在来华留学生跨文化管理中的运用角度,指明了儒家"和为贵"与尊师重道、法家奖惩分明学说的优缺点,如利于加强管理加深来华留学生对中国传统文化的认识理解;容易抑制学生的创造力和想象力,使得师生间产生距离感等,应注重在管理中运用中国文化的"度"。学者方玲波从柔性管理的角度对高校来华留学生的管理进行了较为细致的研究,从当前教育环境的适应性、来华留学生的心理行为特征性、柔性管理的优越性三个方面探讨在来华留学生管理中实施柔性管理模式的必要性与重要性。

二、来华留学生管理问题研究

学者黄彩云、潘倩对于我国高校中的来华留学生管理问题进行了一定的思考,总结出了来华留学生普遍出现的适应障碍:语言不适应、不同教学方式导致的学习不适应、缺乏沟通导致的心理不适应、价值观不同导致的文化不适应。

国内众多学者通过自身的实践性调查研究,针对当前我国来华留学生跨文化管理中的诸多问题,从各个角度提出了对应性的意见和建议。宋兰香基于文化差异提出了以下留学生管理措施:了解尊重留学生的文化差异、帮助留学生习得中国文化、完善规章制度、严格日常管理。付萍、马翠翠等针对留学生管理中存在的文化冲突、教育模式差异、管理理念差异等问题提出了解决性对策,即积极应对文化冲突,以尊重和包容增进交流、化解冲突;转变管理理念,改革教育模式,将知识与兴趣相结合优化课程设置,严格管理与细节关心服务有机结合,提高管理的实际效果。

三、管理对策意见研究

赵芃、原晓敏从来华留学生跨文化教育管理工作的实践性工作角度,提出改进高校来华留学生管理工作的对策意见:创新来华留学生管理工作机制、提高来华留学生管理队伍水平、建立来华留学生综合评价体系、培养来华留学生自我管理能力、改革来华留学生奖/助学金制度。刘云燕从创新来华留学生管理方式、提高管理效率的视角,对高校来华留学生管理工作提出了几点建议:加强入学教育工作,在开学之前进行学前教育,使来华留学生通过学习了解相应的规章制度;建立突发事件应急机制,防患于未然;针对现阶段高校来华留学生管理中存在的责任分工模糊、存在的问题不能及时解决等现象制定责任制度及例会制度;建立创新管理者的培养机制,定期外派管理者到国外学习和锻炼,在国际化的环境中感受他国文化、提高外语水平,学习先进管理方式方法,提高管理水平。

张磊等学者基于3所高校留学生现状的调查结果分析,提出具有针对性与普遍性的对策:应积极面对来华留学生管理中的文化冲突现象,有效地解决教育管理中沟通不畅的问题;打造一支高水平的来华留学生师资队伍,尤其是提高英语授课教师的英语水平;转变管理观念,变管理为服务,为世界各地的来华留学生提供人本化的优质便捷的服务;加强高校的来华留学生教育硬件设施建设。他们认为具体应做好以下几个方面的工作：加强对来华留学生管理人员的培训，强化管理者以人为本的服务理念，使其增强对来华留学生的人本关怀；提高外语水平等管理沟通能力和管理亲和力；加强对来华留学生自身的安全教育，提高其安全意识；建立健全地域性各高校来华留学生管理机构间的长效沟通合作机制，建设资源共享平台，定期交流互通信息，取长补短，以提高管理的科学化水平。

四、来华留学生文化适应性研究

来华留学生到中国，经历过新鲜好奇的阶段之后，面临的一大难题就是如何尽快适应中国的环境和完全不同于其国家的生活方式。特别是在最初阶段，由于语言不通，信息不畅，不能与中国老师和中国同学进行正常的交流与沟通，难免会在心理上产生极大的落差，以致引发不良情绪。如何对此类问题进行正确引导，一度成为来华留学生事务管理领域关注的焦点。

早在1996年，就有研究者开创性地将"心理学原理"运用到来华留学生管理实践中，开辟了从心理学角度对来华留学生进行分析探讨的新领域。刘同兰认为，研究来华留学生的心理特征，可以帮助管理者因人制宜，克服沟通障碍，一把钥匙开一把锁，做到有的放矢。特别是创造性地提出用"挫折理论"进行外国来华留学生管理——来华留学生到达目的国初期会产生"文化休克"现象，一遭受生活与心理上的挫折，各种心理问题与异常情绪就会接踵而至。留管干部要善于从挫折的征兆中找出真实的原因，采取重重诱导的措施，移情易景，创造积极的环境氛围，促进消极行为向建设性行为的转化。

南京河海大学国际合作与教育处郭继超老师结合多年的留学生管理经验，指出："留管工作涉及方方面面，其中涉及由于中外文化不同而产生的文化冲突方面，如何看待这种冲突，如何进行交流、协调，进而成功地实施跨文化管理，对留管工作的全局具有举足轻重的作用。"

这是"跨文化管理"这一专业术语首次出现在留学生事务管理领域，表明对来华留学生事务管理过程中的各种问题与对策的认知已经开始上升到一定的理论高度。

郭继超认为："从文化比较学的角度来看，文化差异是文化冲突产生的必然因素。当来华留学生带着这种文化差异从世界各地来到中国，成为留管工作的管理对象时，必然产生'文化冲突'现象。"对此，应该站在管理者的立场上，探讨减少"文化冲突"的对策与措施，即"加强沟通，掌握精确的沟通语言；加强跨文化管理的能力,对双方的文化都有相当程度的了解;具备一些专门的知识,有的放矢地做好来华留学生的教育思想工作"。特别是在留学生事务管理中引入"以我为主"和"以人为本"的管理思想,明确并认真履行管理者"管理、服务、咨询"的不同职能,在坚持我国法律和规章制度的前提下,尊重并理解留学生本国的文化,减少管理过程中的矛盾与冲突。

上海政法学院杨军红老师的博士论文《来华留学生跨文化适应问题研究》可以说是跨文化领域中的一个比较系统的理论成果。作者从来华留学生的日常生活入手,从自然环境、人际交往、语言障碍、学术状况、心理压力等方面分析了来华留学生的适应状况,从多维度、多层面探索了影响来华留学生跨文化适应的个人因素和社会环境因素,为来华留学生事务跨文化管理全过程的研究提供了重要借鉴。但是,作者主要以比较教育学、跨文化心理学为理论基础,从来华留学生自身如何克服文化差异而逐步适应留学所在国的新环境为基本出发点,没有站在管理者的角度,从"管理学"的视角对"跨文化管理"进行深入的探讨分析。

对于如何突破文化冲突的障碍,尽快实现"文化适应",王剑军从来华留学生教育管理的实践出发,强调"我们应该关注学生的需求及全面发展的需要",摒弃来华留学生教育管理中存在的"特殊照顾"与"教学方法、教育形式单一"的现象,以"间性文化观和趋同管理"为教育管理的基准点,培养一种文化交融的眼界,实现文化的融合,以积极引导逐步取代特殊照顾。在这里,作者已经探索到了问题的关键所在,有针对性地提出应该树立"间性文化观",以消除来华留学生事务管理者中存在的"本土文化"的绝对优越性和中心主义观念,从而实现文化主体即管理者与来华留学生之间的相对平等性、渗透性和融合性。这样的观念无疑已经将"人文关怀"理念与"柔性管理"思想融入管理实践当中,对于跨文化管理的实现起着积极的推动作用。

从上述理论成果中,我们已经看到了来华留学生事务管理中的核心问题,即"跨文化"管理理念目前处于来华留学生管理领域实践的初始阶段,还没有形成专门的、系统的理论支撑。这就需要我们做进一步的研究与探讨。

五、来华留学生管理体制与机制研究

(1) 关于管理理念、来华留学生管理规范化与制度化的研究

1994年,正值我国来华留学生教育的定位调整阶段,可以说,经过新中国成立

初期的探索阶段和改革开放后的实践阶段,我国在这一领域已经积累了一定的经验。时任北京大学留学生处处长的黄道林研究员详细阐释了做好留学生管理工作需要妥善处理好的几个方面,即管理与服务的关系,管理与疏导,管理与交朋友——管理工作中的感情基础问题,学校管理和社会管理的各种问题,留学生管理工作的制度化、规范化、科学化问题。他特别提出"留学生管理实质上是为留学生服务的,服务工作做好了,管理工作也就做好了一大半",留学生事务管理领域的指导思想与观念需要转变,需改变"管理高高在上""服务低人一等"的传统观念,并且在该领域首次提出"服务"一词,认为需要将"服务意识"融入留学生事务管理实践的全过程。这与多年后"人文关怀"和"柔性管理"理念开始出现在来华留学生事务管理领域是一脉相承的。

黄道林还谈到留学生管理工作规范化、制度化过程中的几个问题,认为重大政策的出台及改变需慎重,规章制度的执行应该坚持公开性与可操作性相统一、原则性与灵活性相结合的基本原则,这些观点都是具有代表性和借鉴意义的,并且与中国当时的社会发展程度和来华留学生教育的整体发展水平相呼应,是来华留学生事务管理实践在理论研究领域的直接映射。

2001年,我国来华留学生教育开始进入快速发展阶段,来华留学生管理规范化与科学化的研究成果在这一时期开始涌现。吴缄中、鹿士义认为,留学生管理工作更具法治化、规范化、科学化的根本方法是实现"留学生管理的现代化"新理念,并探索了"留学生管理现代化"的途径与方法,即"建立起涵盖系统论、信息论、决策论、组织论等在内的现代留学生管理理论与思想观念,实现指导思想的现代化;改变传统型、经验型管理方法,把现代科学技术成就运用于留学生管理工作,实现留学生管理的系统化、标准化和数据化,实现管理方法的现代化;以管理科学为出发点,结合国情与法律,制定适合留学生管理的规范化条例,减少工作中的随意性和人为因素造成的干扰,形成'校内管理校园化,校外管理社会化'的现代化管理模式,实现留学生管理的法治化;应该采取多种方式提高管理人员的整体素质,如定期安排出国进修,定期举办外语、国际法、教育法等语言和法律培训班,培养既掌握科学技术与管理知识又富于实践经验、善于吸收国内外先进技术和科学管理知识的开拓型人才,实现管理人才的现代化"。

21世纪的第一个十年,我国留学生教育管理工作在理念和实践上都实现了新的发展与跨越。冒大卫从高校留学生管理工作理念与机制创新对加快教育国际化步伐与提升国内高校国际化水平的重要意义的视角,对这一问题进行了阐释。他认为,高校应该在明确留学生管理的目标理念与留学生群体特征的基础上,从"留学生的管理职能实现、管理机构设置、培养项目类型"三个方面形成"多元化"留学生管理格局。"多元化"理念的提出,不是一时的突发奇想,而是在全面把握留学生群体多元化(留学生群体多元化是对"留学生生源多元化、流向多元化、留学目标多元化"的整体概括)、管理机制多样化、培养过程具备阶段性特点的基础上得出的结论,一定程度上反映了当时留学生事务管理的复杂性。建立"多元化"管理机制,不仅可以对管理过程与相关领域做进一步的细分,提高管理的精致化、科学化水平,更是提高国际竞争软实力的关键因素之一。

(2)关于来华留学生事务管理模式、机构设置的研究

关于来华留学生事务管理的模式、机构问题,所有的研究成果无一例外地提到了需要改变传统的管理模式,建立一套科学有效的、切实可行的留学生管理体制与运行机制,以提高管理者的综合素质与业务水平。尽管尚未形成系统的理论体系,但学界的观点依然是见仁见智。

冯保平在政治经济体制改革大潮兴起的时代背景下,分析了我国当时来华留学生管理的实际及其与国际上通行做法的差异,并结合"我国处于社会主义初级阶段,包括校园环境和社会环境在内的外部环境的整体优化还需要较长时间"的现实状况,提出:"建立符合中国国情的留学生教育管理工作的模式,是做好留学生教育管理工作的基础,而这种模式需包含这样的内容,即要具备明确的接受培养留学生工作的指导方针,充分认识留学生教育管理工作在我国外交工作、促进改革开放、发展科技生产力以及维护世界和平、增进世界人民之间的友谊诸方面的战略意义;要具备独特的留学生培养目标和教育管理工作方针,即学习上严格要求,认真帮助;政治上积极影响,不强加于人;生活上严肃管理,适当照顾;要形成较为规范的留学生接收工作和教学工作标准方式,即规范各类留学生的接收标准和程序,明确接收院校的审核与评估标准,强调'以教学为中心'的原则;要建立健全留学生管理的规章制度,使留学生有明确的行为标准规范,逐步步入'校内管理校园化,校外管理社会化'的法治化轨道;结合社会主义制度的特点与留学生的思想状况,将留学生思想教育工作纳入学校思想政治工作中,对广大留学生进行勤奋学习、遵纪守法、团结友好、传统文化的教育,适当时候也可以介绍我国的政治主张和方针政策;还应形成完整的组织领导体系,即最高教育行政机关宏观调控,地市教育行政主管

部门组织协调,相关院校实施操作的管理网络。此外,是否拥有一支'牢固掌握政策、遵守外事纪律、具备良好业务素质'的管理队伍则是实现留学生事务科学化管理的关键。"

对于留学生事务管理的机构设置问题,杨慧认为,留学生事务管理应该设置专门的管理机构,与对国内学生的管理区别开来,有针对性地开展对来华留学生的教育管理工作。事实上,我国绝大多数高校已经在机构设置方面进行了大胆的改革与尝试,从最初的"对外汉语教学中心",到"国际合作与交流处""国际教育学院""海外教育学院"等的产生,其职能范围正在一步步地拓展,除了负责全校包括教师在内的国际交流等外事事务,对留学生事务的管理也是该机构工作内容的重要组成部分。

(3)关于留学生事务管理者角色定位、能力素质的研究

在对留学生事务管理者角色定位和能力素质问题的探讨中,多数理论成果形成了基本一致的观点,即在管理的整个过程中,留学生事务管理者是主体,处于主导地位,而留学生们自身则被视为"客体",扮演着"辅助"与"配合"的角色。事实上,我们应该辩证地看待二者密切联系、相辅相成的关系。笔者认为,在来华留学生事务管理的整个过程中,二者的身份地位不是一成不变的。留学生事务管理者能否对自己进行准确的角色定位,是影响整个管理实效的关键所在。在传统观念中,留学生事务管理者一直更看重对学生的"管理",而"平等、沟通与服务"才应该是留学生事务管理工作的应有之义。

在留学生管理领域最早谈及班主任制度的金春花认为,"应该让为某一班级承担教学工作最多的任课老师担任该班级的班主任,利用与留学生接触时间多的优势,做好留学生教学、思想、纪律、品德教育的工作,在潜移默化中影响留学生,从而提高教学水平,增进师生感情"。

实际上,班主任制度是一项应该在留学生事务管理中普遍采用的制度,应该动员富有外事经验和应变能力的教师和留学生事务管理者担任留学生班级的班主任,从教学、生活、心理、交往诸多方面履行引导与指导的职责。

此外,对于留学生管理干部与教师在留学生管理教育过程中的关系问题,卓争鸣阐明了自己独到的观点:"在留学生事务管理过程中,留管干部和任课教师应该实现角色互补,使得'管理'与'教育'相互融合,实现'以管促教'与'以教促管'的最佳结合。"

传统观念认为"管理者"与"留学生"是管理与被管理的关系,按照这种理念,二者在管理过程中的地位应该是机械的"支配"与"被支配",而不是能动的引导与互动。对此,孙方娇强调:"应该重视和发挥留学生自身的主体地位,充分发挥留学生在管理过程中的能动作用,这对于管理者更好地了解留学生的利益诉求有着积极的作用。"

杨丽华结合其学校与俄罗斯一江之隔的特殊地理位置和留学生的国籍特点,认为教师在教学和管理中的角色不仅是"知识传授者"与"管理者",更应该实现在不同阶段的角色转换——学习上是任课老师,生活中是生活导师,休闲时是知心朋友。实践表明,管理者是否能够在管理实践中依据不同的环境特点实现角色灵活转换,是衡量管理者自身综合素质高低的关键因素。对留学生而言,管理者灵活的角色变化是柔性管理理念的直接体现。在此过程中,学生深刻体会到的是强烈的人文关怀,而不是刚性制度的冰冷生硬。

针对不同国家和地区、不同宗教信仰的来华留学生事务管理的研究成果在对策与措施上都有针对性地提出了多种不同的见解,虽有差异,但传达的核心理念却是一致的——根据来华留学生来源国的历史背景和文化传统,充分利用学校的地理位置与资源优势,探讨最适合其发展的管理模式与方法。虽然存在国家、地域和传统的差异性,但是来华留学生事务的管理过程本身是有规律可循的——要在遵守法律法规的前提下,在遵循管理一般原则的基础上,尊重其文化传统、生活习惯与宗教信仰,这样才能最大限度地挖掘不同国家留学生的特点,充分利用其自身的优势,实现与中国特点的最佳融合。

来华留学生事务管理是一个双向互动的过程,在这一过程中,人是最为关键的因素。除了管理者自身要具备较高的个人素质与管理水平,留学生班干部在管理中也要发挥"领头羊"作用与协同作用,只有实现积极主动地双向良性互动,才能确保管理过程中信息的畅通与管理工作的有效开展。

对来华留学生管理体制与机制进行探讨的文章还有很多,在此不一一枚举。这些文章尽管表述各有差异,但是反映出的信息却是基本一致的:我国对于来华留学生事务管理的探讨尚处于初级阶段,系统的理论框架正在摸索形成时期,来华留学生事务管理的实践需要更加先进的理念注入其中。

第五节　国外跨文化管理相关研究

西方现代社会认知理论研究表明,人们在环境中获取的知识会影响个体的行为方式,短暂的知识和长期的知识在实验情境中会产生同样效果。在众多学者的实验研究中发现,个体确实存在一种长期文化导向,但这种文化导向会受到个体当前所在地域的文化导向的影响。这一点要求在来华留学生管理时应该充分认识到其文化的动态性,以及其所特有的民族文化特质会受到且能受到中国文化的改变,为留学生跨文化的标准化管理提供了前提基础。来华留学生中以中国周边各国的留学生为主,其文化特征具有一定程度上的相似性,为跨文化管理提供了文化的沟通性。

在霍夫斯泰德(Hofstede)对50个国家以及地区的价值观调查中,英语国家如美国、英国、澳大利亚等具有显著性的个体主义特征而与亚洲和南美洲国家及地区如日本、墨西哥、秘鲁、哥伦比亚等具有鲜明的集体主义特征而明显存在着文化差异。美国和中国可以说是个体主义和集体主义的两个例证,这种文化差异在来华留学生的跨文化管理中形成一定的阻碍。集体主义特征者所具有的典型性行为会对个体主义者产生明显的内外群体态度差异。对于集体主义文化特质明显的中国大学本土管理者而言,其会无意识地将留学生与本土学生进行区分,分成内外双群体,同时更多地关注与内群体的关系和谐,而并不在意与留学生这一外群体的关系如何,导致其在管理时的态度微妙变化,例如在中外学生的矛盾冲突管理中受到明显的文化影响。

在来华留学生的管理中如何维护、保障留学生的利益是管理的关键之一,对于利益问题所引起的利益冲突,理解留学生不同文化背景中的利益所在是解决这一冲突的主要原因。管理的公平性、平等性,建立在对其文化的充分认知上,这一文化既包含不同类型的国家文化,同时包含这一国家文化下的个体所特有的个人文化,并不是所有的该国留学生都会依照统一的国家文化而行动。汀斯利(Tinsley)在认真解读美国文化特点之后曾指出,在以美国为典型的西方文化中,其行为主要受"利益"框架的指导,追求利益的最大化;而在以中国为典型的东亚文化圈中,人的言行主要受到"关系"框架的影响,注重人际的和谐。这对于来华留学生管理提供了新的思路,在区分来源国家总体文化特质的基础上,管理中以"情"管理或以

"利"管理,有的放矢地进行管理区分,有助于提高来自不同文化圈留学生的管理满意度。

有研究发现,群体所处的发展阶段可以有力地增强或削弱民族文化对群体成员行为的影响。在群体形成的初期,群体成员对于新地域的各类环境尚未了解和理解,此时民族文化的异质性在个体的适应阶段凸显,对于来华留学生而言也是如此,因此在对其的管理中应该分时期地应用不同的管理模式,适应不同阶段留学生的民族文化动态变化,即跨文化管理的阶段性。

一、对来华留学生教学管理的研究

在有关来华留学生教学与管理的成果中,大多数高校将研究主题定位在课堂教学上,并针对目标问题提出了很多可以借鉴的对策性措施。

教学一线的老师通过多年对留学生教学管理的实践,从整体上进行了这样的思考:"要紧跟高等教育国际化的步伐,就要对来华留学生实施'趋同教学管理'的模式。"在这里,趋同教学管理指的是在对外国留学生教学的环节上趋向于与中国学生相同的管理,是比照教育本身的含义和国外对留学生教育所采用的方式而提出的一种对留学生管理的模式。这一提法本身就表明了目前两者还不相同,要朝着相同的管理方式去努力,表达了教学管理模式改进的一个方向性目标。当然,这里的"趋同管理"与国外已经比较成熟的"统一管理"模式还不完全等同。统一管理强调完全无差别,而趋同管理则包含目标的一致性与方式方法灵活性的融合与统一。

具体而言,在教学制度上,实施"学分制"。学分制的基本原则是因材施教。课程设置上,则建议根据来华留学生的实际需求和专业发展需要,适当调整培养方案,适时更新课程与知识结构,体现出"文化性、生活性、社会性、个性化"的特点。在教学方法上,特别强调理论与实践相结合,有计划地把课堂从教室里挪出来,到实际场景中去,到生活中去,发掘更多更先进的教学方式,特别是可以引入场景模拟教学法,使留学生身临其境感受学习内容,避免空洞、刻板、说教,力求在实践中实现"因材施教"。在成果考核上,要实事求是,坚持客观公正的原则,避免因"特殊照顾"而破坏考核标准的现象出现。

二、对来华留学生思想教育的研究

对来华留学生思想教育问题的探讨可以追溯到20世纪90年代初,至今仍然是留学生管理领域关注较多的内容之一。

针对来华留学生的思想教育而开展的工作,分别有着这样不同的称谓,如"思想道德教育""思想教育""品德教育"。尽管尚未形成一个统一科学的术语,但是所遵循的教育原则和教育内容却基本一致——对来华留学生的思想教育,要按照"政治上积极影响,不强加于人"的原则来进行,内容不是通常意义上的"政治思想教育",而应当是一种"多数国家、各种社会能普遍接受和遵守的社会道德行为准则的教育",它应该涵盖"国家有关外国人及社会公共生活秩序方面的法律法规的教育""学校校规校纪及学校校情的教育""国家与地方的民俗风情教育""文化传统与社会公德方面的教育"等方面。

对来华留学生的思想道德教育不同于对国内学生的思想政治教育,原因在于留学生文化背景、政治制度、思想观念、风俗习惯的差异。所以,我们不能将对国内高校学生进行思想政治教育的内容与方法强加于来华留学生,而是要有针对性地、有区别地对其进行法律法规、规章制度、基本国情、传统历史及文化教育,使他们在了解中国的基础上理解中国,认同中国现行的政治经济制度。

因此,在来华留学生事务管理早期的实践中,学者们强调,"接受和培养外国留学生是一项具有战略意义的工作,也是国际发展的大趋势","要想在人才培养的国际竞争中占有一席之地并逐步扩大影响,就必须坚持以质取胜,除提高教学质量外,还应该有明确的外国留学生教育的目的,要对外国留学生进行艰苦细致的思想教育工作","对留学生的思想教育,不仅要求他们遵守我国的相关法律,遵守学校的有关规定,认真学习,顺利完成学业;还要向他们开展中国国情等方面的教育,培养他们熟悉中国国情和文化基本,建立留学生对中国社会及历史发展的正确认识,使其成为生源国和中国之间相互交流、沟通与合作的纽带与桥梁;鼓励他们更加深入地了解真实的中国,分享真切的感受与体会,传播中国声音,为促进各国人民民心相通发挥积极作用;为留学生深入感知中国、了解中国搭建交流平台,推动中外学生多元融合、互学互鉴、共同进步"。

不难看出,研究者已经认识到了思想政治教育在"高校来华留学生教育管理"过程中的重要性,从而坚持用"针对留学生所制定的各项管理条例,就是思想教育工作的一个部分"的观点对"来华留学生的教育管理工作不涉及思想教育工作"与"留学生管理干部的工作不能列入思想政治教育系列"的看法进行了有力的反驳,同时认为"思想教育工作是留学生管理工作的关键",搞好留学生的思想教育工作是"稳定学生情绪,顺利进行教学工作的重要一环"。

针对"如何做好留学生思想教育工作"的问题,宋乃莲提出了独到的见解:"做好这项工作的一条重要途径,就是要努力发掘学生自身管理的积极性,重视和发挥留学生骨干的积极作用。积极大胆依靠留学生骨干,是做好留学生思想教育不可忽视的一种方法,并且往往能够达到事半功倍的效果。"

由于国内外学生"所在国的社会制度、生长的经济社会环境、生活习惯、思维方式、待人处世、风俗习惯、宗教信仰、道德追求截然不同",在实际的管理实践中,管理者既要尊重其风俗习惯和宗教信仰,又要教育甚至限制其不参与对我国社会制度和道德准则以及教学活动的不利行为。这就要求在教育方式方法上,留学生事务管理者应该看到这一工作的特殊性,有针对性地进行管理。这种管理方式,实际上已经是"跨文化管理"理念在实践领域的体现,并逐步成为留学生事务管理研究领域另一个新的理论阵地,只是在这一时期,尚未得到系统化的提炼。

三、对来华留学生突发事件及其他方面的研究

随着高校突发事件的频繁出现,高校留学生群体中也不乏此类现象的发生,与此相应,关于留学生突发事件的预防与处理的新作也频现报端。

2006年,谢新从"文化差异的具体表现""文化差异与留学生突发事件的关系""关注与疏导文化差异"等方面提出了预防与应对留学生突发事件的重要性、必要性与具体措施。这是留学生事务管理与时俱进的新突破,摒弃了单单从学术角度进行理论探讨的弊端,逐步对留学生的管理注入更多的人文关怀气息,研究视野逐步拓宽,研究领域不断拓展,实现了从对刚性制度的关注过渡到对柔性人文关怀的注重上来,留学生事务管理的研究至此进入了快速发展阶段。

第六节　跨文化管理理论

一、管理价值取向理论

最早提出跨文化理论的是美国人类学家克拉克洪(Kluckhohn)和斯乔贝克(Strodtbeck),他们在大规模文化差异案例研究的基础上,提出了人类的六大价值取向理论,并在其著作《价值取向的变奏》中具体阐述了其研究结果。这六大价值取向分别是:对人性本善、性本恶还是复杂多面性的看法;在特定的文化背景下是顺从于自然、与自然协调还是征服自然的选择;个人主义、集体主义还是等级主义等对他人和自身之间的关系的认识;注重行动还是注重存在的人的活动取向;是注重公共空间、注重隐私空间还是二者的混合空间的空间看法;在特定社会环境下更重视过去、现在还是未来的时间观念。该理论的分析模式特点以价值观的各项指标为导向,以文化的各种特征变量为基础,分别从人本身、与自然、与他人、人的活动方式、与空间、与时间等六种人类社会存在关系角度进行文化的区分,将人类文化的主要内容囊括其中。对这六大方面的价值取向区分,能较为明确地确定不同文化的异与同,实现跨文化层面判断的良好区分,可在来华留学生跨文化管理的过程中作为文化判断依据。

二、管理文化维度理论

文化维度理论作为20世纪80年代所提出的奠基性跨文化管理理论,对跨文化管理的发展有着开创性的意义,其提出者为荷兰管理学者霍夫斯泰德(Hofstede)。其在对IBM公司全球的11.6万名员工所进行的文化价值观实际调查的基础上,归纳总结出国家层面上的文化四大差异维度——权力距离(Power Distance)、集体与个体主义(Collectivism versus Individualism)、阳刚与阴柔气质(Masculinity versus Feminity)、不确定性规避(Uncertainty Avoidance)。1980年,彭迈克(Michael H. Bond)教授将文化维度理论应用于非西方社会,在霍夫斯泰德四大差异维度基础上设计了一份包含中国传统价值观的新问卷,研究形成文化维度模型的第五维——长期导向与短期导向(Long-Term Orientation versus Short-Term Orientation)。2010年霍夫斯泰德又增加了一个用于界定不同国家对(愿望)满足的态度有关"幸福研究"的维度,即放任与克制(Indulgence versus Restraint)。文化维度理论在80年代提出之后,经历不同层面的补充与发展,最终形成文化比较的六大维度层,成为跨文化管理中文化辨别与区分的有力工具,能够为管理提供清晰的跨文化因素,真正获得管理中文化的"跨"点,提出有针对性的跨文化管理策略。

三、跨文化智力理论

文化维度理论是在国家层面的基础上对文化的区分理论,而文化智力理论则是在个人具体性的文化特征的基础上所提出的跨文化理论,以个人的文化智力高低作为文化区分工具。2003年克里斯托弗·厄里和洪洵将文化智力定义为:个体(组织)有效适应新环境的能力即适应智力,表现为一系列适应性的,与新的文化和社会的信念和价值相绑定的智能行为。同时指出了其元认知、认知、动机与行为的四维结构。随后学者布鲁克斯·彼得森进一步把文化智力解释为各行各业的人们为改善不同文化环境中的沟通,展现出的与来自不同文化环境下的客户、合作伙伴及同事保持融洽关系的能力,如语言、空间、内心(或情感)及人际关系等方面。不同文化背景的个体具有差别性的文化智力水平与结构,当其面对新的文化环境挑战时,会有完全相异的适应性结果:高文化智力将新的文化挑战当作一种有利的发展性机遇,并有能力将这种机遇转换成为个人的进一步发展;反之,低文化智力将新文化当作一种问题且无力将其利用转化为进步。这对于在来华留学生管理中留学生文化智力的判别提供了理论基础。

四、跨文化架构理论

20世纪90年代中期,荷兰学者佛恩斯·汤皮诺(Fons Trompenaars)和英国学者查尔斯·汉普登-特纳(Charles Hampden-Turner)提出了国家文化的七个基本方面:个人主义与集体主义、普遍性与具体性、成就文化与归属文化、中立性与情感性、特殊性与扩散性、时间取向、环境氛围。并得出了文化只存在差异性但没有"好"与"坏"或"对"与"错"之分的"公平性"文化差异结果,不同国家文化层面的差异性具体表现为不同文化群体所选择的解决问题的方法不同而已。这给予我们在来华留学生跨文化管理时所应该持有的"文化公平性"态度以理论基础,为破除旧有的西方文化"高等"与亚非拉文化"低等"的错误性刻板偏见,平等包容各国留学生的文化差异及其外在行为方式的不同表现提供了指引。

第七节 研究方法

本书采用文献分析法、个案研究法、问卷调查法和自然观察法作为研究的主要方法。首先,通过知网获得的相关文献,对来华留学教育的历史与背景进行一定的梳理,并对已有文献中有关来华留学教育中留学生的管理现状、普遍存在的管理问题困境与对策进行一定的总结,对案例高校相关工作报告进行分析,厘清跨文化管理研究的问题视角。

其次,通过对比参照其他学者使用的来华留学生的管理满意度现状等调查问卷,编制出自身所要调查维度的问卷内容,对案例高校进行个案调查。主要调查维度分为以下几个方面:一是基本信息调查,二是来华留学生跨文化能力调查,三是管理整体性调查,四是管理细节性调查。试发问卷并结合反馈信息改进问卷内容,提高问卷的信度与效度;再进行全面的问卷调查,整理分析调查结果,得出当前该校的留学生总体与具体的跨文化管理满意度与留学生跨文化管理状况的相关结论。

最后,深入案例高校来华留学生的众多现实管理方面,实行非参与性的自然观察,以旁观者的身份在留学生服务中心、教室、宿舍、食堂等场所进行观察,对比问卷调查的分析结果,得出有关现状的最终性结论,并提出相对应的改进意见建议措施。

第二章
来华留学生教育管理历程
与跨文化管理概述

第一节　来华留学生教育管理历程概述

在中华民族悠久的历史长河中,广义层面的来华留学教育由来已久,伴随与周边国家的政治交往而兴衰,古代主要以唐朝时期周边诸如日本、越南等国的留学生与留学僧为典型。包容性的对外政策、先进发达的经济与军事水平、先进性的文化教育,使中国对周边尚未发展的文明产生了极其强大的吸引力,各国纷纷派遣本国知识分子不远万里在当时落后的交通条件下"来华取经",以期学成归国,促进本国各方面的进步,典型的事例有促进日本封建化进程的"大化改新"运动,其发动者多为来华留学过的"遣唐使"。

一、来华留学的发展阶段

古代中国中原王朝的兴盛时期同样是来华留学生发展的高峰期,例如强盛的两汉、隋唐时期。中国隋唐时期,为了学习先进的中国文化,大批日本留学生到中国留学,入学于国子监,在其20乃至30年的留学期间,广泛学习中国的传统儒学,探讨中国的文学、法律、医药、天文等。其中还涌现了一批著名的"留中生",例如吉备真备、大和长冈、阿倍仲麻吕、园尔辩园等。据史料记载,在明朝时期,1392—1579年期间有23批共80余人的琉球留学生来华;到清朝时期又有9批共49人的琉球留学生来华。中国封建时期文化、政治、军事、经济的先进性对周边各国的知识分子或有志之士有着极大的吸引力,各国迫切希望通过留学学习的方式习得这一强大"特质",留学的"自强"性目的明确,与欧洲留学的"职业"性目的相比有着明显的差异性,但同时宗教的因素也同样起着十分明显的推动作用。

我国真正以国家层次为基础得以形成一定规模和效应的现代留学教育始于新中国的成立伊始即1950年,为加强与社会主义国家之间的交流与合作,我国政府同意与波兰、捷克斯洛伐克、罗马尼亚、匈牙利、保加利亚5国互派留学生,这批留学生于1950年底和1951年初来在华,共33人,入清华大学中国语文专修班学习。之后受到国家政策变更的巨大影响,在我国实行改革开放政策之后,来华留学教育正式全面地复苏与恢复,发展规模与速度开始不断增长,自费留学教育也开始渐渐兴起,其人数渐渐追赶上了获得我国公费资助的留学生人数。随着留学招生各项权利的下移与高校自主权的不断扩大,高校也渐渐取代政府有关部门成为留学教育的实施主体,来华留学教育的国际化市场开始形成。从90年代邓小平同志南方谈话之后,改革开放进一步深入推进与发展,来华留学教育得以迅速恢复与进一步发展,公费资助与自费留学教育同时得到巨大的发展,但自费留学教育开始成为留学教育的主流,1990年自费留学生人数第一次超过获得奖学金生的人数,达到3 800余名(奖学金生3 600余名)。

近年来,来华留学又呈现快速发展的良好态势,这既是我国国家实力与国际影响力逐渐增强的间接性成果,尤其是金融危机以来依旧保持经济社会高速发展的重要性推动,也是我国全面深化改革开放,坚持包容性留学政策的重要发展成果。近年来,来华留学教育呈现新的态势,留学生的性别均衡化特征、地域或国家来源广泛化特征、高留学层次特征、数量的扩张化特征等各个方面都有所增强。同时,随着来华留学教育的不断外延式发展,在其宏观性方面与欧美等国家的差距不断缩小,在当前我国经济社会条件下更加应该注重的内涵式的发展,以"内功"促"外功"的进一步扩张,达到内外兼修的"一流"来华留学教育水平,规模水平与管理质量的"共同富裕"。

二、来华留学生管理的历史嬗变

现代来华留学教育建立以来,我国出台了一系列具有针对性的管理对策文件,这一系列管理政策服务于我国不同时期的对外政策:从新中国成立初期的社会主义阵营"一边倒"到改革开放以来的"全面化",接收来华留学国家的范围逐渐扩大,政策的包容性也逐渐加深。随着社会经济重要性的不断提升,来华留学教育的经济性目的不断强化——自费生出现并且比例不断扩大。面对不同内外部形势,制定出台相应的管理政策,成为"与时俱进"的客观性要求。政策具有时效性,结合不同时期我国的外交策略,梳理来华留学生管理政策的历史,有利于进一步推动来华留学生管理质量水平的提高。

我国外交政策重心的转变历程大致是:新中国成立初期,我国与资本主义国家对峙;60年代,国家与亚非拉的第三世界国家外交得到加强;70年代建交国家持续增多,与加拿大、联邦德国、英国等重要国家建交,在1971年联合国合法席位的恢复;80年代即改革开放以来形成了全方位外交。在此规模和速度不断增长的过程中,与留学教育相关的法律法规、管理条文也同时得以进一步完善和发展,如《中华人民共和国高等教育法》等一系列规范化法律法规的实施,进一步推进了留学教育的健康持续发展。同时更为具体的如奖学金、对外汉语水平考试、学位授予、研究生招收、教学质量宏观管理、收费标准等政策也在不断地出台与修正,使之与整体性的留学生管理相适应。

我国于1962年制定了《外国留学生工作试行条例(草案)》,1966—1972年我国未开放来华留学教育,1973年才得以恢复,接受阿尔巴尼亚、越南、朝鲜、罗马尼亚等44个社会主义国家的383名留学生。1974年,国务院科教组、外交部联合制定《关于外国留学生教学和管理工作的暂行规定》。1979年国务院批准了《外国留学生工作条例(修订稿)》和《关于接受自费外国留学生收费标准问题的请示》,开始打破全面性服务政治的留学教育目的。1985年5月27日发布的《中共中央关于教育体制改革的决定》,明确地指出了发展来华留学教育以加强对外交流,使得教育事业建立在当代世界文明成果的基础之上,同年还颁布了《外国留学生管理办法》。

我国在1989年开始制定招收外国自费留学生的有关政策,原国家教委发布《关于招收自费外国来华留学生的有关规定》,开启了留学教育的新时代,同时留学生招生与录取的自主决定权下放至有条件的高校,意味着留学教育逐渐改变。1996年我国制定《外国人在中国就业管理规定》,2000年1月31日发布了《高等学校接受外国留学生管理规定》,并确立了"扩大规模、提高层次、保证质量、规范管理"的来华留学生工作原则,成为各省市来华留学教育工作的指导方针,同时对于留学生的接受方针、管理体制和具体化的各方面管理内容做出了细致性的规定,成为当时留学生管理的主要依据政策文本。2004年我国又出台了阶段性的发展规划——《2003—2007年教育振兴行动计划》,在坚持"扩大规模、提高层次、保证质量、规范管理"原则基础上,进一步强调了来华留学教育的重要地位。2010年7月颁布的《国家中长期教育改革和发展规划纲要(2010—2020年)》在第十六章中进一步对留学教育工作提出了新的要求与指示,提出了我国来华留学教育发展的三方面主要内容——扩大规模、优化留学生结构、提高留学教育质量。随后教育部制定《留学中国计划》,与美国1946年制定的《富布赖特交流计划》(*Fulbright Exchange Program*)相类似,鼓励支持外国留学生来华进修、学习和从事科学研究,提出2020年50万留学生人数的具体性规模目标,同时该文件进一步明确了来华留学生的教育部—省级教育行政部门、来华留学教育机构—接收高校三级管理的管理体制。2018年9月3日,教育部印发《来华留学生高等教育质量规范(试行)》(以下简称《规范》),首次提出了来华留学高等教育的质量要求,《规范》涉及留学生培养目标、教育教学、管理服务等多方面内容,并且其中多次提及提高留学生管理中的跨文化能力,培养留学生的国际性视野。

第二节　来华留学生跨文化管理概述

一、跨文化管理的文化基础

文化作为管理过程中的主要影响因素之一,尤其是对于留学生此类带有多元文化群体的管理来说,跨文化管理是必然的选择,在管理的整个过程中、在留学生留学的各个发展阶段,甚至在确定来华留学前以及留学结束后,将多样化的文化融入管理的各项工作中,能有效地推进留学生管理,解决留学生融入校园以及各种各样的冲突问题。跨文化管理中所"跨越"的文化的多样化差异以及相似性是管理的前提条件。

（1）区域文化相异性

价值观作为人类文化的主要组成部分,其所具有的相对差异性是文化差异性的关键所在,以价值观为核心的全球各类文化的形成,一般受到各地域客观地理环境条件、历史传统条件等多样化因素的影响,所处某一类文化地域的个人在受到地域文化环境"培养"的同时,由于当下信息时代的快速传播,其他地域的文化因子也进入其"文化血液"之中,在将文化内化的过程中,有选择性地对文化进行"挑选与组合",体现出了文化地域中个体文化泛化与特殊并存的新一代文化个体。个人所处的地域环境,个人所接受的教育影响存在客观性的明显差异,在不同环境中成长的留学生所带有的文化特征明显地存在着相异性,不同环境"塑造"不同的个体文化。留学生个体长期处于相异的地域文化之中,其内化的文化明显带有独特的地域特色,在个性化的吸收与组合的基础上,形成个体所特有的个体文化。即使是处于同一文化环境下的个体,如同一家庭中,个体所形成的文化都有所区别。文化的外部不同、内化的选择不同、内化后的组合不同等多方面的因素导致了留学生个体文化的相异性。

这一差异体现为外在的文化差异性以及内隐的文化差异性,诸如语言、服饰、饮食习惯、体貌特征、宗教信仰等外在的文化差异表现易察觉,但在价值观、思维方式、行为方式等内隐方面的文化差异却难以清晰地被察觉,无法用准确的语言进行描述,这将会给管理造成重大阻碍。例如西方英语国家与亚洲、南美洲、非洲等国家的留学生所具有的的文化差异体现最为凸显的是:集体主义与个体主义之分。西方英语国家文化个体一般所具有的是个体主义文化,更多地从个人利益的角度出发,对于人际关系不太在意,同时偏向于将事情的原因归因于个人原因,美国是最为典型的个体主义文化国家,美国留学生更多带有的是个人英雄主义文化特质;而与之明显相反的是集体主义文化典型的中国,其个体更多地从集体或群体的利益出发,自觉维护集体利益,更在意自身的人际关系状况,对于事情的原因也更多地偏向于环境因素。

文化存在差异性不可避免,但这种差异性并不是不能被克服,同时这种差异性对于管理并不总是阻碍性因素。梁觉等人在其实际性的调查中发现,在位于中国的国际性合资公司的管理中,中国员工在与西方的管理者合作时比与海外华人或者日本管理者合作时具有更加积极的工作态度。留学生的跨文化差异性在文化动态性变化的过程中有着被克服和变化的可能,能够转换为有利条件。

(2)全球文化相似性

施瓦兹(Schwartz)在其研究中运用已有的价值观的泛文化类型,对价值观概念进行了进一步的讨论,认为价值观概念对于全球各文化群体具有可理解性与存意性,以此来将价值观和人的社会行为进行联系,并将其行为方式进行有效分离。另外,梁觉等人在其研究中所提出的"社会通则"经过中国、委内瑞拉、美国、德国、日本等多国的检验,明确了这一"社会通则"框架的合理性与全球普遍性。"社会通则"是指"关于某人对自己、对社会和物理环境或对精神世界的通用信念"。在此基础上留学生的行为方式有着相似性的基础,对其的管理也有着共性的管理条件基础。另外,在个体化的人格方面,同样存在着不同文化特质群体的文化相似。学者麦克雷(Mc Crae)等人所提出的五大人格模型的普遍性研究,其中的宜人性、外倾性、开放性等五大特质模型深度体现了各类文化间性格特质的相似性。国内外众多学者的研究充分证明了处于多样化文化地域中的人类个体在存在文化差异的同时同样有着文化的近似性,这为跨文化的留学生管理提供了充足的理论基础。

社会通则的全球共性是人类文化相同的基础,其源于全球人类天性以及人类所共同面临的环境相似性,人类面临的共同性基本问题如全球普遍存在的气候变暖、生态恶化、经济发展变缓等。同时在新的信息时代中,科学技术的发明与广泛使用,使得全球文化的传播面得以大大增加,例如各类短视频 App 等,全球文化的互通进一步随着科技的进步而加深。对于异文化,人们虽难以在短期内将其内化,但对其认知性的增长却深化了对于异文化的理解,来华留学生在来华之前对于异域的中国文化,一般进行了一定的了解,对于与中国文化的差异存有一定的"预知",来华学习后有较好的差异文化"调节"基础。

人类存在的共性需求同样将不同地域文化群体所具有的多样文化进行"连接",存在需求的共性塑造了全球人类共有的需求,人类需求笼统地分为生理需求与心理需求。施瓦兹(Schwartz)将价值观与人类需求相结合,形成跨文化价值观,认为价值观以一种意念目标的形式存在,它代表着三种个人生存的需要,所有的社会群体以及个人都需要将此内化到自身的价值观体系之中。来自不同生态、文化环境的人应该用一种通用的价值观来指导其为满足这些需求所需采取的行动。留学生在留学过程中同样有着各种各样的存在需求,对于留学生的跨文化管理应该以这些通性的需求作为多元文化群体管理的着手点,实施标准化的跨文化管理,满足留学生群体整体性的生存发展需求。

(3) 校园文化融合性

全球化随着现代科技等因素影响处于不断变化之中,全球化进程处于"走走停停"甚至"后退"的状况,局部全球化与反全球化并存,全球文化的差异性与趋同相似性也不断处于复杂的动态变化之中。留学生的消费价值观与生活方式是容易察觉的文化趋同外显之一,例如中国KFC等快餐文化的流行与美国饮食文化的趋同性。但与此同时民族文化等国家特质的保护与传承延续,又在一定程度上阻碍了全球文化的趋同,而走向差异化发展,独特的民族文化下的留学生必然存在文化的个性差异,因此留学生群体与留学国的文化呈现文化的共性与个性的共存。

大学校园作为一个社会的"雏形",来自全国各省份的大学生将中国内部各地域的文化特质带入校园之中,虽然同处于中国文化之下,但中国广地域、多民族的特殊国情造就了中国文化内部的多样性,中国大学也成为多文化交融、文化包容性强的特殊场所。留学生与留学国家的文化差异在有着文化相似性的基础上,能够将个性的文化差异与共性的文化趋同相融合,校园文化的包容性给予了文化融合的可能性。对留学生的文化融合还有利于校园文化的丰富性,提高校园文化的活力,这也是高校大力发展留学生教育的文化目的所在。不同文化中留学生管理确实需要不同的管理方式,在承认差异文化有着重大阻碍的同时应该看到差异文化的相对作用。文化在人类言谈举止以及对于他人言行的解释方式中确实有着深刻的影响,但我们不能也不应该过分强调这种影响。

二、跨文化管理的目标

来华留学生的跨文化管理在来华留学教育不同的历史时期有着不同的管理理念与模式,其管理的目标与内涵呈现一定的历史特征。随着中国与其他国家高等教育的交流日渐频繁,世界先进留学生管理理念与方法也随之日益广泛传播,有效地提高了来华留学生的管理水平。其跨文化管理以来华留学生文化特质为基础,不同的管理目标所具有的文化差异性与共通性是管理的主要参考标准。

研究高等教育跨文化管理的目的,就是研究中国高校如何将不同文化尤其是中国文化的优秀特质整合到留学生教学和生活的管理过程中,如何将国际化的办学理念实际性贯彻到院校的管理当中;不同文化背景的来华留学生群体在互动中出现矛盾和冲突时,应如何以积极的管理姿态,从文化整合与文化差异的角度去理解发生冲突的每个学生个体并最终达到解决矛盾的目的;在理解和包容异文化的基础上,如何进行文化创新,优化留学生管理模式,构建国际性的融合型校园文化。

来华留学生的跨文化管理分为留学生群体的跨文化管理和留学生个体的跨文化管理,留学生群体性的跨文化管理对应宏观的管理目标,而微观层面的管理目标更多地对应留学生个体的跨文化管理。宏观性的留学生管理目标包括首要目标,是培养一批熟悉中国真实国情的外国优秀人才,通过文化传播等方式扩大我国的国际影响力,形成良好的国际发展环境;另外,还包括带动来华留学教育产业的发展,为全世界的发展进步与人才培养做出自己的教育贡献等多样化宏观管理目标。

微观性的留学生管理目标包括留学生和本土学生的双面发展,留学生的发展内含一般学生性发展的同时还包含着特定的中国属性发展,这涉及留学生来华留学的多样性目的,其不仅在于学业有成,掌握一定的专业性知识与技能,还在于更全面地了解中国,包含中国的语言、地理、风土人情等中方文化的了解与掌握。本土学生的发展是指在留学教育实施过程中,中国学生在与外国留学生校园接触、交流的过程中国际性素质得到发展,掌握外国的各种地理、风俗文化,形成一定的国际性、全球性视野,掌握与异文化个体的相处之道。宏观层面的管理目标以微观层面的管理目标为基础,而后者又以前者作为发展的最终导向,二者相互依存、相互衔接。

三、跨文化管理的内涵

留学生跨文化管理就具体的内容而言,其包含留学生学习管理、日常后勤生活管理、服务管理、安全管理等多个方面的内容,但从留学生的发展以及管理的合理性而言应该强调的是管理整体中的文化因素。文化的整体性特征决定着留学生在校的方方面面都受到文化的影响,同时留学生作为社会中的个体存在,其生活同样具有整体性的结构化特点,不管是行政还是教学乃至后勤各方面都相互影响与制约。因此应该在管理的各个方面都贯彻跨文化的管理理念。本书所要论述的是一种整体性的跨文化管理,在整个留学生的留学生涯各阶段、各方面管理之中,都秉持跨文化的管理理念,兼容差异化的文化特征与现实性表现,促进留学生的全面性内涵发展与留学生这一资源的有效"运用"。

高校留学生跨文化管理的内涵有以下几点:一是对不同国家留学生差异化的社会习俗的尊重。留学生所带有的社会习俗中存在着较为明显的差异特征,主要表现在价值观念的理解差异与待人接物的行为方式差异上。二是对留学生不同生活方式的尊重,如留学生在吃饭、购物、看病、坐车等方面有与本土学生不同的地方。社会习俗、宗教信仰、生活方式等外在性差异化表现作为管理中可见性的内容,是价值观念等深层次文化特征的外显,易于观察与管理,是来华留学生管理的重要内容。

跨文化管理内涵丰富,尤其在当下全球化趋势下,各种组织更加多样化,留学生领域的跨文化管理与营利性公司的跨文化管理有着本质上的区别、形式上的类似。对于来华留学生的跨文化管理应以培养良好的国际化友人与国际性视野的留学生为重点,以来华留学生专业水平和能力的不断发展、国际性视野的拓展为实现形式。文化因历史性、地域性等因素不同而具有的差异性存在于个体发展的各个方面,因此留学生跨文化管理的实施中也应呈现出整体性特征,管理中因留学生所具有的文化差异而与本地学生管理要求的不同体现在留学生管理的整个系统之中。

在来华留学生的跨文化管理中,首先,应认识到管理的差异性确实存在;其次,跨文化管理呈现系统性和整体性,跨文化不单在于生活管理之中,不能仅仅认为文化差异都集中在生活习惯之中,如语言、饮食等,而应该从整体性的"基点"出发,在对留学生的整个管理系统中都注意跨文化管理的实施必要性;再次,留学生管理中更应该认识到管理的形似性,这是实施跨文化管理的基础,差异性的管理以相似乃至相同的文化理解为"基石",同时随着跨文化管理的逐渐实行,留学生的文化特质也随之产生一定的变化,更深程度更广范围的个体文化开始形成,而文化中核心性的民族文化特征也显得更为突出——这就是"异同互显"。

第三章
留学生跨文化管理的国外经验

第一节　跨文化管理的国外历史经验

学生管理实践的不断进步是伴随着留学教育的兴起与发展而来的,其管理水平与状况在不同的历史发展阶段呈现各异的特征,这些特征与同时期留学教育所呈现的特征相匹配。从历史的角度厘清留学教育发展的大致历程,依据世界历史发展的时间顺序,将其划大致分为几个留学阶段,把留学生管理历史与留学教育的发展相融合,利于对留学教育管理的宏观历史性进行把握与分析。

一、留学生教育概述

留学生管理的出现、发展是伴随着留学教育的兴起与发展而来的,现代大学的开端源于欧洲的中世纪时期,意大利的博洛尼亚大学、法国的巴黎大学、英国的牛津大学与剑桥大学都在这一历史时期得以形成并正式建立,逐渐成为世界各国与地区大学的"模板"。现代意义上的留学生教育与管理同样在这一大学的历史性开创时期而形成与发展。中世纪大学的产生也并不是"无本之木",古希腊、古罗马时期就已初现"端倪",柏拉图的学院以及欧洲皇家的宫廷学校、宗教性质的修道院等多种多样的高等教育"初级机构"为其发展提供了一定的历史基础。不管在早期的"初级机构"还是中世纪大学中,跨国性的留学教育都非常普遍,甚至是其形成的基础条件之一,不同国家中为追求知识而追随"名家"的现象极其普遍,不同国家与地域的知识"追求者"聚集在诸如阿伯拉尔等"名家"的身边,共同学习知识、接受教诲,随着规模的逐渐扩大,为保护自身利益与更好管理的需要而成为"行会大学"这一特殊性的组织机构。中世纪的大学随即兴起了。

留学教育的历史悠久,作为"高等教育国际化的有形指示物"的留学现象更是古已有之。古希腊半岛上跨国的"游教"和"游学"之风就相当盛行。早在公元前4、5世纪,古希腊、古罗马时期随着古西方文明的产生就已经初现,诸如苏格拉底、柏拉图、亚里士多德等先贤的事迹广为流传,吸引了大批古罗马与小亚细亚的青年慕名求学,如公元前399年柏拉图创办的"阿加德米学园"就吸引了众多的学习者,形成欧洲留学史的萌芽。后期东罗马帝国于公元856年在君士坦丁堡建立了一所国际性大学——第二大学,该大学以浓烈的学术氛围而闻名于欧亚大陆,吸引了众多的欧亚留学生。

中世纪时期世界各国的留学运动依旧以欧亚各国之间为主。当时法国与英国已拥有众多著名的大教堂与教会学校,吸引欧、亚各地的留学生前来学习,并"结出"了丰厚的"硕果",诸如拉丁语学家索尔兹伯里的约翰(John of Salisburg)和亚历山大·内克姆(Alexander Neckham)等,其归国后都对各自国家的教育产生了深远的影响。在中世纪早期,宗教性质的教会学校是欧洲教育的主要形式,讲解宗教经典与法律的教会学校吸引了宗教一统性下的各地青年,同时世俗的国家与民族区分界线并不十分明晰,留学的规模、地域、种族多样,但教学内容较为单一。中世纪大学的兴起与发展进一步促进了欧洲大陆的留学流动。在久远的世界留学史中同样包括我国封建时期诸如隋唐朝所接收的日本、朝鲜(新罗)等国的留学生与留学僧。

近代留学教育主要以文艺复兴的兴起为发端,不同国家、地区学生的跨国乃至跨洋留学——海外留学的大规模留学运动开始出现,诸如美国建国后不久近10 000人的德国留学潮与我国清末时期的近30年的近代留学史。留德运动所培养的大批教育精英,奠定了美国高等教育的扩张基础,其众多名校成立初期的校长大多来源于此。清朝末期尤其是20世纪的开端,甲午战争后短短的近20年,单留学日本的中国留学生人数就达20 000多,产生了深远的影响,中国近代大批高级知识分子都有留日经历。

现代留学教育主要是"二战"结束后两大阵营时期以及苏联解体后至今的留学教育,随着"二战"后军事技术的民用化,人类文明迅速地进入信息化科技时代,各个领域、各个方面包括留学教育在内分别在两大阵营中得以发展。苏联解体后两大阵营间壁垒的消失,更加凸显出全球化的加速,留学教育也在这一时期得以跨越式地膨胀,21世纪初期其规模就人数而言已经达到200万人,世界各国的教育进一步深入地相互学习借鉴与影响。"二战"后两大阵营的形成虽有利于其内部的高等留学教育的发展,但由于社会政治意识的人为壁垒,阻隔了不同阵营的国家与地区的高等留学教育的发展,随着苏联的解体,全球化的高等留学教育真正得以实现,国际留学教育全面复苏。

从留学教育萌芽就已经出现了来自不同地区留学生的跨文化管理难题,尽管在留学史的初期由于受交通运输水平条件、物质资源基础有限等客观因素影响,留学尚未跨越远距离的范围,留学教育管理中留学生的文化同质化或相似度水平较高,而文化异质化程度较低,较多处于同一地缘的文化圈之中,如以中国儒家文化为核心的东亚文化圈以及以基督教、天主教等宗教文化为核心的欧洲文化圈,对留学生的管理所面对的文化跨越度不高。但随着科技的进步,近现代留学教育由于大航海时代的到来与新大陆的发现,留学生来源地域的范围广度扩展到全球,留学生所带有文化的异质度明显增加,具有不同文化特质的留学生与当地学生在留学中相遇,进而相互影响彼此。留学生管理的跨文化要求日益明显,世界性的留学跨文化管理特质开始凸显出来。

当下人类科学技术持续进步,全球各个国家与地区的联系日益紧密,呈现不可阻挡的"地球村"发展态势,内含高等留学教育的各个领域。全球化的态势不断稳固,全球化与国际化的社会大浪潮逐渐席卷整个"地球村",留学的范围与地域来源广度加深,民族与国家意识加强,留学生的文化异质化程度不断增加,给留学生的管理带来更大的挑战。与此同时,全球气候变暖、环境污染、全球安全等一系列问题与争端又急需各国之间相互合作,对人才的跨文化、跨国际化要求越来越高,成为留学生跨文化管理的压力基础。

二、跨文化管理初态

留学生的管理,从留学教育兴起时就已经开始,并随着留学教育规模、地域、人员层次等管理的复杂度逐渐增加而出现新的变化。留学生的年龄与社会身份特征较为明显,对其的管理有别于其他年龄层级,同时本身所带有的文化背景特征较为突出,管理的自主性要求较为强烈。在留学教育发展的初期,严格意义上的大学这一学校组织尚处于发展初期甚至尚未形成,对于留学生的管理较为松散,在某些大学中甚至学生的自我管理占据绝对的领导地位。14世纪的文艺复兴时期,意大利的众多城市建立了以人文特色为主的各种学院,吸引了欧亚多国的众多的留学者。在当时的萨拉尔诺城的医学院、布隆那城的法学院中,留学生们按国籍分配宿舍,在宿舍中聘请教师讲课,学院负责人、教授、学生经常同吃、同住,共同制定院规并遵守院规。

在中世纪大学形成的初期,留学生的管理主要呈现两种相异的管理模式,学生管理与教师管理,这与中世纪大学的两类大学形式相符合。在欧洲南部阿尔卑斯山以南地区,以波诺尼亚大学为首的学生型大学中,学生行会掌握管理的主要权力,其自我管理的同时还取得了对教师乃至整个大学的管理权限,例如教授的招聘、学费的确定、授课时间的长短等都由学生行会组织所决定,这与大学的教会法学的专业性质密切相关。波诺尼亚大学学生的年龄一般较其他中世纪大学学生的年龄大,例如巴黎大学文学院的入学年龄为14岁,而波诺尼亚来自欧洲各国和地区的学生年龄为20多岁甚至更大,年龄的成熟性赋予学生管理的自主性。同时,其贵族或教会主教的社会地位及拥有的经济地位,使其在与教师的管理权之争中占据优势,因此包括住宿、饮食、日常活动等各个方面的管理内容都由来自各国的学生委员会即山里人(Citra Mountains)和山外人(Ultra Mountains)所决定。与此相对的则是教师行会管理下的巴黎大学,其下各学院的院长与执教教师组成的全体大会,管理着学院全体学生的各个方面。中世纪大学学生的教士宗教身份决定其归于统一罗马教皇宗教掌握的司法权之下,同时获得教皇谕旨和皇家敕令对司法、财政、合法性、免税特许权等各方面的支持,在大学建立的初期教皇与皇家的支持对尚在成长中的大学组织起了有力的保护作用,是对国际性留学生管理的民主性特征的形成与稳定的关键性外部"土壤"。

中世纪初期留学生管理问题主要包括学生来源差异所导致的文化多样化、入学年龄的低龄化、简单宽松入学条件所引起的知识低水平、收入的水平差异等所带来的管理问题。到14、15世纪对学生的管理便随着大学的进一步发展与社会影响而进一步扩大,包括宗教教皇与世俗皇家政权在内的外部管理机构对留学生管理态度由宽容支持转变为了压制。有关资料记载:"中世纪大学的管理机构对学生普遍持有的压制性态度加剧了学生行为的混乱程度。在中世纪大学中学生以粗暴、拥有武器以及酗酒而闻名,并且常常闹事。"同时,国家与民族意识的普遍觉醒,世俗国家政权的进一步发展与巩固,加大了对于中世纪大学留学生的管理与干预,并以严格的原则要求管理学生,如禁止出国留学规定、严厉的罚款乃至体罚处罚,并对学生管理的细节如"吃相""招待朋友的菜的数量""学生衣服的最高价格"等各个方面都有着明确的明文规定,同时应注意的是中世纪留学生极度男性单一化特征给其管理所带来的"便利化"与"暴力化"。

第二节　国外高校留学生跨文化管理经验

随着人类社会的不断发展,全球各国之间的联系日益密切,"二战"后随着新技术革命成果的不断涌现,人类联系的便利性和紧密性更加凸显,留学生教育浪潮开始兴起,以英、美、德等国为首的留学生接收国和以中国为首的留学生输出国成为留学教育的主力。随着我国改革开放的不断深化与高等教育水平的逐渐提升,来华留学教育规模不断扩大、层次进一步提高,开始进入留学教育内涵式发展的新时代。留学生数量的快速增长与来源国家的日益多元,对当下留学生管理提出了新的挑战议题。更多具有不同文化特征的留学生进入高校校园,留学生之间的文化差异、留学生与中方学生之间的文化距离,给实际性的管理带来了巨大的挑战。

世界留学教育当中以英语国家的美国和非英语国家的德国在留学人数规模、层次、管理、声誉等多个方面处于世界领先水平,同时鉴于韩、日两国同为非英语国家、地处亚洲同域、留学教育水平排名靠前、现代留学历史发展时期相近、管理文化历史渊源深厚且为来华留学教育的主要来源国等多方面因素,本书选取美、德、韩、日四国作为国外留学生管理经验借鉴样本,分析、揭示四国留学生管理模式差异与共同特征,把握留学生管理的全球性发展趋势。

一、美国高校留学生管理

美国作为世界留学教育的头号强国,以世界前列的高等院校机构、高水准的科研实力、完备的管理体系、包容性强的留学政策吸纳了世界各国的精英人才,既获得了直观性经济回报,也得到了雄厚的人才储备基础。

（1）留学教育现状

20世纪中期的美国,留学生大约只有3.4万人,在60年代增长到80 000多人,下一个十年又暴增至15万人以上,90年代增速不减,仅2001—2002学年,就增至582 996——近60万的留学人数。2016年,美国的留学生就已经突破100万人。虽然人数的增长速度下降,2017—2018学年的增长率为1.5%(1987—2017年美国留学生人数如图3-1所示),庞大的留学生人数、世界范围留学生的多样性等给留学生管理带来了多层次管理挑战,但美国留学教育持续发展,实践证明了其管理的有效性。其留学生管理和服务措施之全,成为美国留学教育的重要特色之一,其对留学生管理模式的方法也成为世界各国发展留学生管理的主要对象。

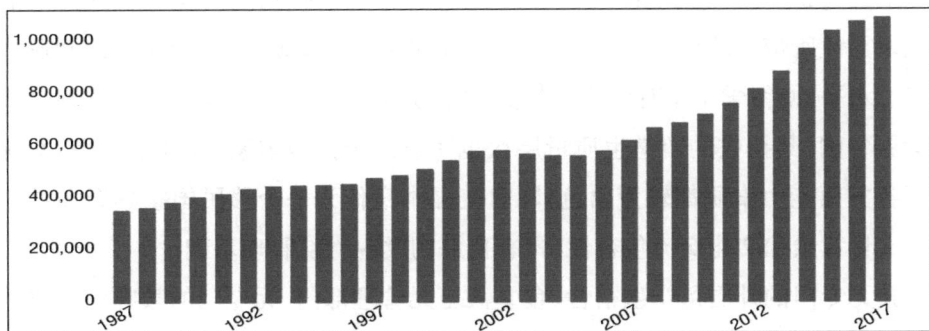

图3-1　1987—2017年美国留学生招收数据统计

（2）留美学生教育管理模式与特征

高校留学生管理自主性大，管理分工明确。全国性层次的"国际教育者协会"与"美国大学联合会"对留学生管理政策依据产生一定程度的影响。美国的留学教育政策其实是由各大学根据各自的情况自行制定的。美国实行的院校为主、州国为辅的两级管理体制给予高校管理留学生极大自主权，各招生高校制定各自留学生管理细节政策，并大多与本土学生统一管理，包括学籍、专业教学、日常生活管理等全方位保持一致。学校层面一般设有仅负责留学生的招生与信息咨询服务专门机构，并配备相关辅助机构如跨文化心理咨询室等，帮助解决留学生的文化冲突、心理障碍等问题，但并不负责与参与留学生的多样化的生活需要，后者一般有专业化的社会服务机构体系来提供。以美国费里斯州立大学对留学生的管理为例，其组建了由学院各领域的专家管理团队（Globalization Initiation），与从校级领导到国际学院再到各个学院从上到下的管理体制，管理行政人员与教师都是如心理学、英语语言、移民等领域专家。

"趋同性"管理特征明显，管理社会化程度强。美国留学生管理推行统一化"趋同性"管理，管理的专业化水平高，在对留学生身份认同、学籍、教学、行为规范等各个方面的管理中都保持着与本土学生相同的标准。除特有的签证相关管理差异性外，完全将留学生与本土学生相等同，具体表现在无专门外国留学生管理部门、也无专门教师授课即无全留学生分班、无专门教师补课、无单独设立的留学生宿舍与留学生食堂等，日常生活、教育教学全方面实行"趋同化"管理。

统一化"趋同性"的管理模式将海外留学生完全作为普通本国学生看待,这种管理上的身份认同极大地促进了留学生的跨文化交流、沟通乃至理解、融合,消除文化差异性所带来的种种管理阻碍,缩短异文化适应周期,提高留学生的专业与综合能力水平,使留学生学有所成。作为留学教育强国,美国的留学教育发展阶段领先世界各国,其招收的留学生质量层次也明显高于其他国家,其外语水平、交流能力等各方面能力素质都较为出色,同时美国本身作为一个移民国家具有多样化的社会文化背景和文化交流包容性,具有良好的"统一性"管理基础。

其无专门的外国留学生宿舍、食堂甚至无管理部门、无专门的教师额外或单独地给留学生上课或补课,这一系列的"统一化"管理方式方法将留学生充分融入美国社会之中,化解了肤色、人种、民族、语言、饮食、宗教等多种文化差异所引起的管理风险,如住宿统一化管理充分发挥了宿舍文化"随风潜入夜"式的"浸润"功效,如曾担任哈佛大学文理学院院长的亨利·罗索夫斯基(Henry Rosovsky)所言:"宿舍使学生从彼此间学到的东西比从教学那里学到的东西还要多,作为一个群体给每个学员的成长提供了无与伦比的机会。"

统一化管理模式也不是完美无缺的,留学生所固有的文化差异对这一模式不断提出新的挑战。如在美国个人主义的文化背景中,其所倡导的积极主动性与其他许多国家尤其是亚洲国家的文化保守性具有差异。如针对留学生心理咨询,美国文化强调主动性地寻求心理咨询帮助,无须特殊化的要求与照顾,而其他文化圈的留学生将寻求心理咨询当作"精神问题",从而极力避免心理辅导,导致留学生的相关辅助机构等同虚设,形成管理"漏洞",极有可能导致留学生暴力犯罪等管理"恶果"。同时,即使是统一化管理模式仍然不能彻底改变留学生交往困境,大多数留学生的交往对象还是来自相同文化背景的人,与当地人社会交往较多的留学生较少,这在美国某高校的留学生调查中得以证实,在这所高校近三分之二的留学生在当地学生中没有好朋友。

二、德国高校留学生管理

自20世纪60年代以来,德国一直是移民之地,至今约有690万移民后裔,约占总人口数的8.5%。他们中的大多数来自土耳其、意大利和波兰,来自不同民族、不同文化、不同宗教的人们和平共处,使德国成为一个宽容和世界性的国家。处于东西欧交界的德国以洪堡改革德国大学中所确立的科学研究职能而享誉世界,时至今日仍"威名赫赫",留德学生数在1979年已达5.74万人。现代以来德国的工业制造举世闻名,吸引了更多的海外留学生,成为仅次于美英两国的留学生接收强国,自1997年以来,在德国攻读博士学位的外国学生人数增加了一倍多。

（1）留学教育现状

德国由于人口增长缓慢、追求经济活力效益、加深外交扩大国际影响等因素对留学生教育重视已久,德国在2006年提出吸引全球15%的留学生去德学习,借此成为真正的欧洲中心国家。2011年在德外国留学生占全球留学生总数的6.3%,成为仅次于美国和英国的世界第三大留学目的地国。2011年在德注册的外国留学生人数首次超过25万人,占德国高校学生总数的11.4%。2012年高等教育留德人数为190 526人,占德国高校学生总数(2 939 500)的6.48%。作为一个非英语国家,德国以严谨、认真、刻苦等文化特征而异于欧美大多数国家。德国成为留学教育强国的多致力性因素除去地理位置、欧洲一体化进程、高水平大学与科研外,较为完善和先进的留学生管理也是关键所在,持续性促进了德国留学教育的不断发展。

（2）留德学生教育管理模式与特征

政府主导,趋同管理特征显著。德国对于留德学生的管理模式类似美国的统一化"趋同"管理模式,将来自世界各地的留学生与本国学生相"统一",身份上的统一认同、具体管理中近似相同无差别对待,成为非英语留学国管理模式的典范。在对留德学生的具体化管理当中,政府发挥了巨大的作用。由其设立的德国学术交换服务中心(Deutscher Akademischer Austausch Dienst,DAAD)统一负责德国全国外国留学生的招收工作,并制订行动计划来指导全德接收高校的留学生管理工作,计划包括海外宣传、留学咨询信息、申请审查、招生录取、报到注册、学习计划、课程设计、生活居住、实习就业以及毕业后服务等多方面的管理内容,形成德国留学教育管理中又一特色——全口径、全过程管理。为优化留学环境,DAAD提供专门资金加强和改善外国留学生的支持服务,大力推动建立提供留学咨询的服务窗口、简化留学申请程序的专门服务机构uni-assist、制定《德国高校留学事务准则》,为外国留学生享有与本国学生同等权利而提供必要服务。而其他众多组织则以"咨询站"、收费"套装"服务、"生活辅导计划"等多种方式,为外国留学生提供住宿、社交、文化、旅游、健康保险、语言学习、课程辅导等全方位、精细化的支持服务。学校相关职能部门只负责留学生招生、签证、注册、信息咨询和协调留学生与社会服务机构关系等,学业安排和学籍管理则完全由各学院负责,被纳入与本土学生一致的管理系统进行统一管理,接收高校不因其留学生身份而降低要求、实行不平等或超待遇,凸显出德国现代大学独特的"自由、平等、开放"大学精神。在德国,学校不为留学生提供后勤服务,没有特别的留学生宿舍和食堂,所有的后勤服务都由独立的社会法人组织——大学生服务社帮助解决,如留学生必须自主参加医疗保险,学校不承担责任。学校鼓励留学生利用课余时间在假期打工,最低工资有法律保障,这既能让留学生获得一定的经济来源,又有利于留学生了解德国风情。

管理法治化,社会参与度高。通过新修相关管理规定或成立新机构保障留学管理的顺利进行,如修订新的留居法,延长留学生在课余时间和假期的打工限制时间和毕业后找工作时间,学习阶段兼职工作时间将从90个全天延长到120个全天、从180个半天延长到240个半天,毕业后找工作的签证期限由1年延长到18个月,不受时限打工,同时如果找到一份符合相关要求的工作并工作2年后,即可申请在德国永久居留,减轻留学生学习期间的经济压力和毕业后的工作之忧,如2016年在德国工作的医生中有11%拥有外国国籍,达到46 721人并且增长率高达9.6%。同时社会也对学生的管理提供了自身支持,德国众多高教研究机构及企业为留德学生提供实习机会,通过接收院校与相关产业企业的合作,为留学生的实习管理提供充足优质的实习机会,如在由德国行医资格许可条例(Arztliche Approbationsordnung,AAppO)统一规定的留德医学学位课程结构中,留学生应在德国诊所或医院完成最后一年的实习。

管理专业化,灵活性强。接收高校的有关职能部门只提供签证、与专业性的社会服务机构的关系协调等基础服务,具体学籍和教学管理由各入学学院与本国学生相统一负责管理,甚至连医疗保险都是由留学生自己参加并选择。但同时德国部分高校还推行"生活辅导计划",由自愿参加的本土学生为留德学生提供包括语言等方面一对一式的生活和学习辅导。良好的德语能力对于在德国大学学习是绝对必要的,如专业医学文献虽然通常是英文的,但讲座和考试通常是德文的。慕尼黑技术大学留学生在校期间的各阶段都会得到来自学生服务中心的相关管理支持,如寻找住宿、新生辅导、语言和专业选修课程与其他课程辅助。留学生的生活后勤等服务则由具有独立法人资格的大学生服务社负责承担,无特别的留学生公寓或宿舍、食堂餐厅等专为留学生服务的设施,其在大学中销售一种收费的"套装服务",即申请者以每月约205~375欧元的价格获得包含住宿、社交、文化活动、旅游、餐券及健康保险等的服务。

三、日本高校留学生管理

（1）留学教育现状

日本地处亚洲的东端，国小力强，"二战"后经济迅速恢复发展的同时从20世纪90年代初起逐渐谋求大国地位，以留学教育为手段扩大国际影响力的方式是其重要抓手，积极吸纳各国留学生尤其是众多发展中国家留学生，进行教育援助。1983年日本文部省召开了"面向21世纪的留学生政策恳谈会"，出台了《面向21世纪的留学生政策的建议》，提出了"接收留学生10万人计划"。1999年又推出新的留学生教育政策《知识的国际贡献与留学生新政策的全面实施》，通过发布系列政策与不断努力，留学生人数从1983年的1.04万人增长到2003年5月的10万人，在此基础上提出了到2020年接受"30万留学生计划"，到2016年5月留日学生人数达239 287人。

（2）留日学生教育管理模式与特征

政府主导，院校执行，行政独立。日本文部科学省负责统一制定留学生管理的相关政策与改进措施，实行中央—院校两级集权式留学生管理体制。1990年日本文化教育科技部对"接收留学生10万人计划"政策实施效果进行了评估，提出质量与规模并重的发展建议，并从该年起日本文部省规定留学生人数在200人以上的国立大学设置对留学生进行直接指导的"留学生中心"，而规模不大的学校则设立学生支援科留学生室，并逐渐配备"专业教育教师"和留学生事务工作人员。2004年4月日本文部科学省又成立了具有独立行政法人的日本学生支援机构，提供诸如经济援助、心理咨询、实习指导、就业支持等系列性的支援活动，这一新机构的成立奠定了日本留学生管理中最主要的特色——援助体系的基础，留学生援助的全面性、系统性、完整性、社会化等多方面的细节化特色构成了日本留学生管理中的典型特征。日本的国际教育交流协会作为文部省所属的非营利性团体，组织实施国际日语能力考试、主办游学日本活动等，为留学生提供各种咨询、援助和福利。

管理针对性目标明确，特殊化倾向明显。日本留学入学管理实行春秋两季入学，缩短进入留学专业学习的年限，对于招收留学生的质量十分注重，即使是自费生也要经过"日本留学考试"才能获得留学资格，考试包含了日语能力、学历能力。留学生专业与课程管理方面对广大发展中国家留学生针对性开设国家合作与开发、经营管理、公众政策、国际法等专业与课程，同时对1、2年级留学生专门性开设特别语言课程以弥补日语能力不足所造成的专业知识理解能力不足的问题。

各接收留学生院校机构层面的援助化管理是日本留学生管理的实体体现,各大学均设有留学生中心或支援科留学生室等支援机构,并设有向留学生及其家属提供必要生活信息的留学生窗口。留学生中心管理除常见的经济援助、心理咨询等方面外还有以下内容,如对留日学生进行学前教育、以辅助课形式进行日语教育、每年度开展就职讲座指导并协助留学生与企业的沟通联系。

管理细致、全面、系统化。日本留学生管理可以分为事务、经济、教育、精神、生活支持五大方面。事务支持主要由各大学留学生科与学生部福利科负责实施,留学生科管理具体包括奖学金、宿舍、签证、调查等方面,如学校管理一些低价学生公寓,一般允许外国留学生住一年,学校向留学生提供专门的不动产经营机构来租房。经济支持主要是向留学生提供学费贷款和接受捐款发放给留学生作为奖学金、助学金和慰问金。教育支持包括在高校内为留学生举办日语补习班,在留学生中心建立咨询室,派专门的咨询人员为留学生在专业选择和学习中遇到的问题等方面做一对一的交流等,积极实行外语授课。精神支持是指为解决留学生初来乍到在学习、生活中遇到的心理问题,各大学都设立保健中心,负责体检、看病、提供心理咨询。生活支持是指包括日本政府等组织对留学生实行健康保健和医疗费补助,以及大学统一帮助留学生加入"留学生综合保险"。

管理研究化、延时性特征突出。日本外国留学生管理特色不仅表现在招收体制、教学体制和支援体制中,其留学生学习指导者制度、关于留学生的各类研究、留学生追踪政策、官民合作等特色也是日本留学生管理的突出表现。日本国立大学从1972年起就为国费留学生开设了个人指导员服务,1976年后自费留学生也可以申请,个人指导员一般为日本本国在册大学生,指导内容包括学业帮助、文体活动和生活支援等方面,即使是与日本西南学院类似的中小规模高校,也有600余名登记在册的日本支援学生为留日生提供个人支援。日本早在2000年就有进行有关留学生的相关研究,通过这些研究,促进留学生管理工作的改善,如日本厚生劳动省在当年对留日学生的就职状况进行了调查研究,对留学生的就职动机、困难因素、企业与留学生顾虑等多方面进行讨论,并对支援政策提出了建议。

社会积极支持留学生管理。日本社会对于留学生管理的支持积极性也较高,日本的留学生管理服务机构除学校外还有政府、企业、学校、个人结合体的留学生支援机构,有着固定的场所和规范化的管理流程,如日本房地产业为响应"30万留学生计划"积极建设留学生公寓和租房服务业务。留学生的追踪政策也是日本留学生管理的细节化特征之一,主要由日本学术振兴会、日本国际教育协会、国际交流基金、外务省、APEC人才培养合作事业等五部门合作开展,为归国留学生提供资料信息和学业研究指导等支援。

四、韩国高校留学生管理

(1)留学教育现状

地处朝鲜半岛的韩国是来华留学的主要生源国,同时其留学教育的吸纳人数在世界留学教育中占有一定的地位,吸纳的留学生人数占国家人口基数的比例较高。留韩人数在20世纪90年代仅1 000人左右,2007年增至49 270人,2011年达到89 537人,2015年10月首次突破10万大关,中国留学生占比超60%(6.194万人),其次为越南(6 953人)、蒙古(4 358人)、日本(2 658人)、美国(1 524人)等国的留学生数量。21世纪的开端起,韩国开始制定第一个留学生教育的政策方案,即"扩大接收外国留学生的综合方案";2004年11月,又启动实施了"留学韩国计划",并先后于2005年4月和2005年12月制定了"留学韩国计划的详细推进计划"和"留学韩国计划强化方案";2011年起实施了"外国留学生招生和管理能力认证"制度,以对韩国各招收外国留学生高校的留学生招生及管理情况进行年度评估,优胜劣汰——暂停或终止留学生招收,包括留学生管理在内的多样化指标评估,较大程度上提高了韩国留学教育质量与层次水平。

(2)留韩学生教育管理模式与特征

韩国对于留韩学生管理并非与美国、德国般采取统一式"趋同化"管理,而是与日本一样采用"特殊化"管理模式,留韩学生按专业院系由各归口系部或研究生院及导师分别进行管理和教学。既对留学生的生活与学习配有专门的教师、助教以及自治性服务组织,如针对中国学生设立"中国日",对中国学生的就业与实习进行专门性的指导,还具有一定程度上的管理"趋同",强调对于留学生的学习、考试、论文撰写等与本土学生的趋同一致化管理。

政府主导,管控严格。韩国政府通过财政手段的经济支持,提高接收留学生院校的管理积极性与水平,如提高奖学金额度、扩建留学生宿舍、财政支持英语授课课程等多方面内容,并通过出台相关的政策如签证制度、许可特例等对在韩留学生进行国家层次的管理,呈现严格化、特殊化的管理特性,例如2018年3月韩国法务部为加强留学生的教育管理,针对在韩留学生和相关的签证制度实行了多项改革措施:根据对韩语的掌握水平、课堂出勤率和学业成绩,调节学习期间的外出打工时限长短,允许所有留韩国际生周六和公休日全日打工,最长20个小时的打工时间也有所延长,同时根据学生的出勤率有条件地增加滞留时间。韩国留学生管理中存在一系列问题,如出入境管理机构所表现出"管制"特征而缺少"服务"意识,对于签证要求的材料过多。

各所接收院校秉承韩国国家政策要求,对留学生教育管理严格成为其留学生管理的基本特色。严格性体现在学校对于学生的学业管理之中,仅仅从对考勤的重视与强调可见严格之处,如韩国留学教育水平较高的汉阳大学为了检查留学生的学习情况,要求各学院任课教师必须每学期一次向该校的国际合作处递交所教留学生的上课出勤记录表,并由学校对旷课次数比较多的留学生给予提醒或警告,同时留学生休学申请或复学申请必须按照严格程序,并明确由国际合作处扎口管理,除国际合作处以外,其他任何单位或个人都无权同意留学生的休学和复学申请。但其管理硬件条件水平较低,无充足的留学生宿舍、奖学金比例较少、英语通用课程开设比例较低,据韩国教育部统计,韩国大学能用英语开课的大学课程仅有1.6%,研究生课程也只有5.1%。

管理"特殊化"显著。其管理的另一特殊化特色同样体现于多方面之中,如针对留学生的学业方面实施专门性的"留学生学习辅导计划",组织本土学生与留韩学生进行语言、学习互助活动,挑选本校学生中品学兼优的本科生或研究生,担任需要帮助的留学生的课外学习辅导"教师";开设留学生补习班,免费上课、自愿报名。另外,在奖学金设置方面也体现出韩国留学生管理的特殊化,如为中国留学生专设"精英新生奖学金",其依据留学生所属的高中的校长推荐与高考成绩、招生考试的入学成绩而评定。留学生生活方面:有专门性的留学生公寓并不断扩建与完善;有专为留学生开辟的国际活动中心;专门为留学生组织各种各样的文化体育娱乐活动,如晚会、体育运动会、文化节等;建立了专门性的留学生心理咨询机制。而在留学生的管理服务方面:专设留学生"一站式"的服务窗口,聘请多语种工作人员与学生,为留学生提供就业指导,体贴、周到、便利的管理服务解决了留学生的各种后顾之忧,使得其能够专心投入学业之中。

对比美、德、日、韩四国的留学生管理模式与各项具体的方式方法,美、德的管理"趋同化"与韩、日管理(支援)体系"特殊化"形成明显的反差,这既有四国留学教育处于不同的发展阶段的因素,更主要的是四国不同类型的文化——对于留学生身份的认定因素所致。美、德当前留学教育正处于较高水平,有条件、有基础也有信心追求留学教育的质量,通过严格的留学入学条件筛选出适应其管理文化的留学生,而韩、日的留学生教育仍处于并将较长久地处于追求留学规模数量的发展阶段,不得不以管理的"特殊化"满足所招收的不同文化背景留学生的管理需求。

美、德所处的欧美文化圈,由于历史性民族融合等因素具有更为明显的包容性和多样性,能有效地将差异性文化特征的留学生"相统一"。同时,四国主要留学生来源地的文化状况影响管理的倾向选择,如德国留学生来源地区呈现洲际的集中趋势,以同属欧洲国家为主,招收留学生的文化相似性为"趋同化"管理创造了一定条件。韩、日所处的东亚文化圈更具有稳定性的文化特征,缺乏多样化民族乃至种族的融合历史积淀,对于带有明显性差异的留学生不得不"特殊化"管理(支援),但随着全球文化的交融性发展,也逐渐在生活管理等方面显现出"趋同化"的管理(支援)趋势。

第四章

跨文化管理的调查与分析

第一节　高校来华留学教育的现状

一、高校留学生的基本情况

案例高校作为沿海省份某经济发达城市院校,发展速度快,对外开放水平高,留学教育与国际化水平在全省排名前列,与全国一流院校不相上下,但因案例高校建校时间不长,各方面快速发展的同时留学生的管理压力巨大,作为研究案例具有较大的合理性与价值性。

根据该校留学生办公室/国际合作处最新统计,2015年,有来自92个国家的留学生共2 329人,其中学历生人数为1 111人,包括硕士研究生120名,博士研究生5名,学历留学生总数在省属高校中名列第一。2016年,来华留学新生报到人数达到549人,其中本科生339人,硕士研究生52人,博士研究生5人,非学历长期进修生153人,学历新生人数占新生总人数的72.13%,高于2015年全国平均水平25个百分点,留学生新生注册报到人数首次突破500人,创校留学生招生报到人数历史新高。截至2017年11月28日,共有来自美国、加拿大、英国、德国、法国、韩国、日本、印度、印度尼西亚等102个国家的632名留学生新生完成报到注册手续,其中本科生339人,硕士研究生92人,博士研究生6人,各类研修生195人,学历新生人数占新生总人数的69.15%。2018年,该省高校外国留学生人数已突破30 000人,其中该校现有留学生人数创历史新高,继续位居省属高校第一,并在其中的2017"中国最好大学排名——学生国际化排名(留学生比例)"中名列前30强。

二、实行的校级管理政策

校留学生管理实行两级管理体制,国际交流学院与医学院、海洋学院、建工学院、人文与传媒学院、机械学院、艺术学院、信息学院、海运学院等接收来华留学生的二级学院以及相应的配套机构共同构成完整的校留学生管理体系。该校国际交流学院主要承担全校来华留学生的归口管理职能、来华留学生汉语培训与中国文化教育等任务,着力推进国际化办学进程,提升国际化办学水平,具体的学科性学院则负责来华留学生的教学管理、学生管理、警告提醒、活动管理、假期外出管理、毕业典礼管理、欠费管理、奖惩管理、校友管理、请假管理等日常管理,各学院在留学生管理工作中担负起"第一责任人"角色。后勤处进行留学生住宿预订、入住处理、退订管理、住宿费管理等住宿管理,计财处进行留学生缴费管理、退费管理、费用分类管理和凭证管理等财务管理。

该校按照"扩大规模、优化结构、规范管理、保证质量"的工作方针,从2015年12月1日编制了作为学校规范留学生管理重要举措、各学院实际管理工作指南的《案例大学留学生招生和管理工作手册》后,还相继编制了《案例大学来华留学生管理制度汇编》《案例大学来华留学本科生手册》《案例大学来华留学研究生手册》和《案例大学来华留学汉语进修生手册》,并出台了《案例大学关于进一步加强国际化办学的若干意见》《案例大学来华留学生管理工作规定》《案例大学来华留学本科生学籍管理规定》等制度文件,审议实行了《案例大学留学生守则》,不断健全和完善留学生管理制度。

案例大学积极探索并践行"制度化、趋同化、社会化、人性化"的留学生管理模式,通过建章立制,留学生校园管理体制和机制日趋完善,形成制度化的管理体系;趋同化管理主要是指在留学生培养和管理的很多方面参照中国学生的管理办法和模式执行,与中国本土学生同等对待的管理模式;社会化管理是指将如公安、社区、银行、交警、出入境管理局等社会机构纳入来华留学生管理体系之中,形成多方位的社会化管理;人性化管理是指在管理的过程中给予留学生人格和情感上更多的关心与尊重,贯彻"以生为本"的管理教育思想。同时案例高校与时俱进,采用较为先进的"互联网+"数字化管理技术——来华留学生管理信息系统,提高管理的效率,较大地提高了留学生的管理满意度。

案例高校的管理政策模式与管理实践中尤其注重跨文化的管理理念,将中国文化融入留学生管理的各方面之中,增强其对于中国文化的感知度与认可度,减小中外文化的冲突与不适应,提高留学生的留学满意度和留学质量。让来华留学生通过具有中国文化特色的中秋晚会、校庆晚会、专门性文化讲座、公益性环保活动、文化节、文化体验活动、校园运动会等多样化的活动或竞赛参与其中,提高对于中国文化、校园文化的文化认同度,更顺利地融入中国、融入社会、融入校园。

第二节 来华留学生的管理调查、分析

来华留学生对于高校管理的感知、认可状况较大程度上决定着管理优秀与否,通过对案例高校来华留学生的管理调查,能较为全面地反映高校管理中的实际效果与问题。为此,本研究在前人的基础上设计了《来华留学生跨文化管理调查问卷》,通过问卷调查和与留学生的面对面访谈,调查了案例高校对于来华留学生管理的实际性管理成效。

问卷分为四个部分,第一部分为基本信息调查,包括国别、性别、专业、宗教信仰、成绩等;第二部分为来华留学生跨文化能力调查,包括跨文化知识、态度、能力、技巧、意识等;第三部分为管理整体性调查,包括留学生管理者异文化水平、异文化态度、管理影响留学院校选择度、异国管理差异性、反馈渠道管理、管理趋向、宗教的管理影响程度、文化的交融性、管理整体满意度、困境排序等;第四部分是更为具体性的管理细节性调查,分为入学管理(入学申请、入学指导)、学习管理(学习支持、学习状态)、教育教学管理、日常生活管理、校园文化(校园活动)管理、兼职实习与就业职业管理、沟通管理、社会地理文化管理、身份认定管理等。同时,访谈是针对问卷调查的过程中,被调查者认为管理中最大的问题方面的深入——文化差异的深刻影响,如着装、语言、肤色、就业等典型文化差异特征的管理满意度影响。

一、问卷样本说明与基本信息调查分析

问卷发放了120份,回收了118份,问卷回收率为98.33%,经筛选有效问卷为114,有效回收率为95%;访谈了五位来华留学生,访谈时间为每人大约1.5小时。问卷样本的男女占比分别为:58.33%、41.67%,是否信仰宗教比例为98.33%、1.67%,宗教信仰比例较高。

信度分析:从问卷可知,信度系数值为0.938,大于0.9,因而说明研究数据信度

质量很高。针对"CITC值",分析项对应的CITC值全部均高于-0.3,因而说明分析项之间具有良好的相关关系,同时说明信度水平良好。

效度分析:通过采用KMO和Bartlett球形检验对问卷进行了检验,KMO值为0.704,大于0.6,意味着数据具有有效度,且效度较好;Bartlett球形检验值为9 769.415,p<0.001,同时所有研究项对应的共同度值均高于0.4,因子的方差解释率值旋转后累积为70.457%>50%,意味着研究项的信息量可以有效地提取出来。

年级特征:出于学习阶段对留学生管理的不同经历长短考量,毕业班来华留学生在华时间较长,受管理的年限也较久,对于管理的满意度有着较为充足和真实的现实性感受,因此其对于留学生管理认识有较强的代表性。样本中一年级、二年级、三年级和毕业班的学生占比分别为24%、20%、17%和39%。

成绩特征:来华留学生的学业成绩是留学生质量一个重要性指标,也是跨文化管理的发展目的性宗旨所在,学业成绩是否与跨文化管理满意度相关,是否成绩越好,满意度越高? 若是,则在招生中应该更加注重招收优异成绩留学生;如果不是,则应该扩大招生范围,招收全球各地的留学生,而不再单一追求欧美留学生比例的扩大,如太平洋岛国和非洲等各国也应继续作为招生管理的重要目标。问卷调查的样本中,在班级前20%的约为30.5%,中游水平者占49.2%,40%以后的占20.3%,样本的成绩分布较为均衡。

性别、年级、成绩与跨文化管理各方面的相关分析:性别与跨文化所需的中国文化熟悉度、跨文化交流技巧策略掌握有着显著性的正相关关系,应采取具有针对性的管理对策;而年级的相关分析结果表明,年级与学术成绩排名、管理在择校中的影响力度有着明显的负相关关系,这表明留学生随着年级的上升,其学业成绩随之提高、管理水平对择校的重要性认识也逐渐加深;成绩的相关分析表明,其与管理作为择校因素认同度、入学标准与方式满意度、参与课外活动频率、教师教学管理中"偏见"出现率的同意度有着显著性的相关性。

二、来华留学生跨文化能力调查分析

跨文化能力包括文化熟悉度、跨文化交流意愿、跨文化交流技巧策略、跨文化意识等方面。首先,来华留学生对于母国与中国文化的熟悉与了解程度决定了其在管理中适应水平的高低,对自我文化特征的认识与中国文化异同的理解是跨文化适应能力的基础。从调查的数据统计来看,留学生对母国文化的熟悉度远高于对中国文化的熟悉度,同时,不熟悉的比例也明显具有差异,尤其对于中国文化禁忌与言谈举止等管理中普遍性的文化特征熟悉度更加不足,不确定与不熟悉比例超过或接近50%,即一半学生对中国各类文化不熟悉,可见留学生跨文化的文化基础尚较薄弱,对于管理中的管理方式与规定可能有着错误的理解,对留学生自身的文化适应与管理有着较大的阻碍。

其次,来华留学生对于跨文化交流的意愿强度大致分为与外国留学生和中国人交流的意愿、学好中国语言文化、尊重中国人的生活方式与习俗等四个方面,交流意愿强度反映了留学生跨文化的主观能动性的高低,是跨文化的内动力,高意愿度对于有效跨文化管理有着重大的内驱动力。从调查的数据分析来看,留学生样本均呈现明显的跨文化交流意愿性,四种意愿率高达90%以上,充分说明了留学生的交际需求与跨文化交流态度;同时显示出留学生对于中国生活方式与习俗的高兴趣度,为留学生的文化习得提供了方向方式。但数据表明存在对此四个方面的不确定性比例,尤其对于学习中国语言文化有近8.34%的留学生不太确定或愿意,这与留学生的教育宗旨与提升对中国的认识与理解、语言能力等留学生培养目标不相符,这既有中国语言文化习得困难的原因,又有民族文化的定式与固化,管理者应该有针对性地采取措施,在尊重各民族文化的基础上,提供各种异文化学习机会,一定程度上改变目标留学生的文化"封闭"思维,实现留学生发展中的跨文化与全球胜任力培养目标。

再次,跨文化的适应过程中面对诸多困境,需要具备一定的文化误解解除、语言使用、转换交流手段方式等跨文化技巧与策略,这也是判断留学生跨文化能力的主要方面,具有文化差异敏感性、吸取跨文化交流文化经验、培养有效学习语言知识等能力,对于留学生在跨文化管理中的良好适应与发展起着关键性的作用。对来华留学生此类能力与技巧掌握状况的调查分析能够有效地鉴别相应个体的跨文化适应不足的原因所在,从而有目的地采取补足、提高措施。

问卷调查结果显示,留学生整体上已掌握各类能力和技巧策略,掌握自评度平均达70%以上,如交流中礼貌待人能力、避免不文明用语与无礼行为能力的掌握度达到85%以上,为跨文化管理适应奠定了重要能力基础。但中文交流使用能力、文化误解下的谈判技巧等掌握度相较不足,尤其是前者低于平均值近10个百分点,仅仅为63.34%;在多种能力自评中有小比例样本选择尚未掌握及约20%占比样本对其自身的多种能力认识不清,如23.33%的样本对吸取文化冲突经验教训能力掌握能力不确定,6.67%的样本在交流中礼貌待人能力自评中选择未能掌握,需要在管理中加强对此类学生此类能力的强化培养训练。

最后,跨文化意识作为跨文化适应与交流中的重要维度,在跨文化管理中有着内涵性意义,意识的强弱状况充分体现了来华留学生跨文化能力内水平的高低,是跨文化管理的基石。留学生只有意识到自我文化意识的转换跨越,才能充分理解管理中各类文化不适乃至冲突产生的原因,并采取相对性的自我调整,完成跨文化适应。

调查结果中文化相似与差异性感知意识、文化身份差异感知意识、交际情境的跨文化转换意识等意识状况,良好的跨文化意识自评率达80%以上,如交际情境的跨文化转换意识的自评强度恰达80%,文化身份差异感知意识与自我现有文化差异明显感知意识达90%,充分表明了留学生跨文化意识较为明显,为跨文化管理的实施提供了意识基础。另外,8.34%的样本认为其自我文化特征来华后没有改变,且有13.33%的人对此并不确定,原因既有个体如价值观等深层次文化特征的不易变性,也有留学生对于中国文化的认识与理解不足。但跨文化管理并不是追求文化同化,而是追求文化理解共通,适当在管理中加强中国文化的宣传,提高留学生对于中国全方位的认识与理解,能更好实现留学教育的培养目标。

三、来华留学生跨文化管理整体性调查分析

来华留学生对于院校跨文化管理的整体性调查主要表现在管理环境、管理方式、管理意义等方面。

新文化环境态度分析:来华留学生对待新文化环境的态度体现了来华留学生不同的跨文化智力水平,其将留学中国后所面临的新文化当作机遇还是问题或者二者的共同体,反映了留学生对待新文化与跨文化问题的明显态度,能否积极地把握新文化机遇、克服还是逃避跨文化困境等实际性问题都将受此态度的影响。调查结果表明,留学生将这一新文化环境作为机遇的比例占51.67%,机遇与问题并存比例为43.33%,充分表明留学生积极的新文化态度观,并具有适应新环境的一定问题意识,地方高校在跨文化管理过程中应充分把握这一优势,有效解决环境适应问题,提高留学生的留学满意度。

在跨文化意识的基础上,调查来华留学生对于文化中宗教文化与管理关系认知、管理水平重要性认知以及中外管理方式差异性认知,能较为充分地论证跨文化管理的必要性。从调查的数据分析来看,83.33%的样本认为中外管理方式存在差

异性,16.67%对此不太确定,0%认为管理方式是一致的,充分说明当下虽然我国地方本科高校积极实施与国外留学生管理一样的"趋同化"管理,但从管理的实际性实施来看中外留学生的管理模式依旧存在明显性的差异。

宗教文化管理:宗教文化作为个体文化中的独特因素,在留学生管理中具有特殊的管理地位,尤其对于中国这一当下宗教信仰不强的现代社会,其崇尚的是科学与理性,对于宗教信仰的普遍认可度不高,导致对于留学生的宗教管理存在一定的管理定势,调查的结果表明(见图4-1),66.66%的留学生样本认为宗教文化对跨文化管理有着真实性的影响,25%的比例对此不太确定,因此把握管理中的宗教文化因素十分重要。

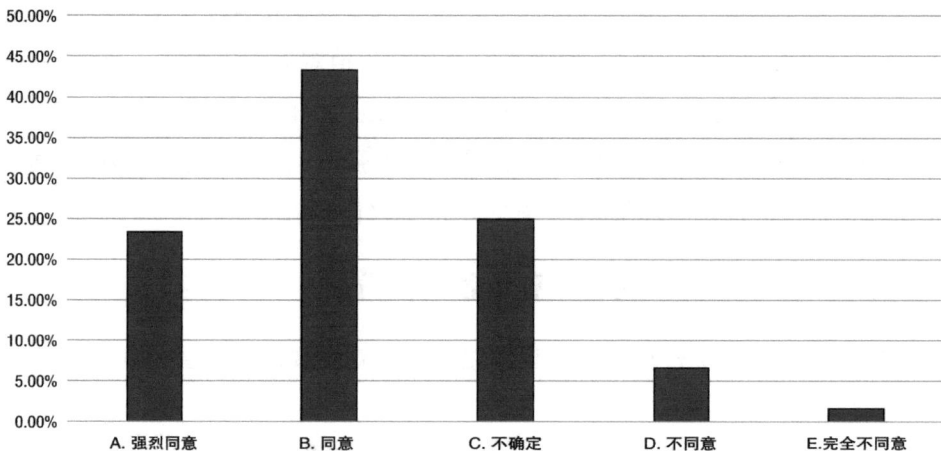

图4-1　宗教文化对跨文化管理具有真实影响认可度评价

宗教文化为来华留学生文化特征的典型代表,其对管理的影响认可度与其他管理满意度的相关分析能明显地表明文化特征在管理中的重大影响力,因此对二者进行了相关分析,宗教文化的管理影响认可度与留学生的跨文化意识、跨文化能力掌握水平以及跨文化管理的评价都有显著性的正相关关系,如与"掌握了与中国人交流时礼貌待人的能力""能够避免偏见、掌握避免提及私人话题能力""对所体验的管理模式的各个方面都非常满意"等的相关系数分别为0.642、0.621、0.4,呈现显著的正相关关系,充分表明了宗教文化因素的重大影响力,即说明了跨文化管理的充分必要性,也为管理中所应注意的跨文化方面提供了参考依据。

管理的择校因素认可度:留学生管理水平的重要性体现之一在于其在留学生择校中的影响力大小,问卷调查结果如图4-2显示,78.33%的留学生将管理水平作为择校的考虑因素,仅有3.34%的留学生样本不予考虑管理水平的高低,18.33%比例对此不太确定,因此明显地表明,地方本科高校要想提高来华留学的规模与质量必须不断提高其自身的留学生管理水平,提高留学生的管理满意度与认可度。

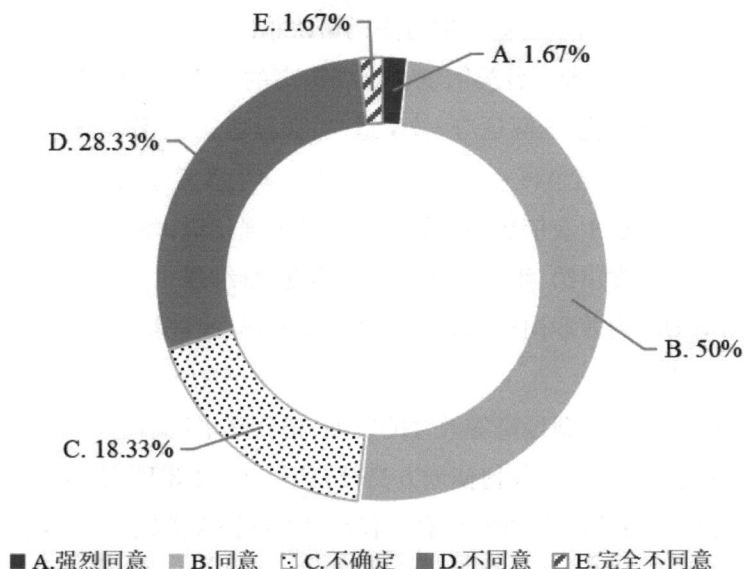

E. 1.67%　　A. 1.67%

D. 28.33%

B. 50%

C. 18.33%

■A.强烈同意　■B.同意　▨C.不确定　■D.不同意　▨E.完全不同意

图4-2　留学生管理水平作为留学择校因素认可度评价

现有管理、趋同管理、管理者跨文化管理水平、管理反馈渠道与改进效果、管理发展趋势等方面的评价内容作为留学生对跨文化管理整体评价的主要方面,对其的满意度分析能较完整地反映留学生对于跨文化管理的评价,样本对于调查各项总体上满意,接近70%的样本对诸如趋同管理、管理发展趋势、管理者跨文化语言水平等满意度较好,尤其对于未来管理的良好发展趋势认可度高达到83.33%,充分表明地方本科高校留学生管理的良好性发展未来。但其中也反映了部分样本对于管理者的跨文化水平的不认可,8.33%与11.66%的样本分别对于管理者跨文化语言水平与理解水平表示不满意,同时这两项还分别有23.33%与31.67%的不确定满意度样本比例,因此对于地方本科高校的管理人才的引进与培养是进一步提高来华留学教育的一项重要举措。

留学整体满意度：在来华留学生对于案例高校留学满意度的整体调查中，调查结果总体反映了对留学阶段的评价状况，满意样本比例为81.67%，不满意者占6.67%，总体表明了来华留学教育的良好发展现状。

留学困境：留学生面临的各种类型的留学困境，是其在留学过程中不可避免的难题，针对性地予以解决的首要前提是了解其困境的难易、先后顺序，先后通过对此的难易排序调查分析，厘清留学生所面对的主要困境类型并以此作为来华留学教育中具体的管理目标，管理中采取有效的解决措施，提高管理的效率，减少或避免留学生各类问题的出现。各类困境中难度最高的是语言交流适应，然后依次为气候环境适应、饮食适应、交际适应、教学适应、课程适应、工作与休闲适应、管理方式适应，这一排序调查结果再一次强调了来华留学生教育中跨文化因素的重要作用，在对其管理的过程中应依次强调的管理方面为强化语言教学、提醒气候变化适应方法要点、丰富饮食供给、组织多样化交流活动、继续强化多语种教学、完善课程体系、提供相应的校内兼职岗位与调整作息时间安排、改进管理方式等重要性管理工作目标。

择校影响因素：随着我国高等教育的发展，招收来华留学生院校的数量逐渐扩大，留学生的择校机会增多，如何使地方高校在留学生的招生管理中获得一定的优势，调查分析留学生的择校因素并采取具有针对性地提高措施是一个明智之举。来华留学生择校影响的因素从大到小分别为管理因素、奖学金因素、招生条件设置因素、优秀教师因素、同中国留学生数量因素、中国学生友好因素，涵盖的这几类影响因素排序突出地表明了管理因素对于来华留学生择校的重要性，这既是地方高校发展来华留学生的机遇也是管理的挑战，因此更高水平和效率的管理成为吸引更多的来华留学生关键因素。同时，奖学金的提高需要更多社会力量的积极参与，如何吸引地方性企业尤其是具有国外业务的企业捐赠也成为另一个重要研究课题。

获取信息渠道管理：留学生在留学的整个过程中如何有效地获取各类所需信息是影响留学生对于留学教育评价的重要性因素，因此信息获取渠道的有效性调查对于提高管理的效度显得极有必要。结果显示网页、邮箱、短信三种渠道的有效性最好，从访谈中了解到，这既有着方便快捷性的原因，还有着信息保存时间较长、权威性较高的因素，而公告栏、口头通知、服务窗口则成为有效性较低的渠道。但需要指出的是通过对于院校网站的查询调查，网页这一留学生最为认可的信息获取渠道在现实性的管理中并未得到重视，网页信息的及时性更新与专门化建设发展不足,访谈中留学生表示管理者更多采用住宿地点的公告栏作为信息发布的主要渠道,这与调查所得的结果明显相违背。

四、来华留学生跨文化管理细节性调查分析

(1)跨文化招生管理

来华留学招生管理作为管理的初始阶段对留学生整体的留学印象起着"第一面"的重要作用,是满意度的开端,影响着留学生在之后管理中的积极性与配合度。招生管理由招生信息服务管理、招生标准设置管理、招生手续办理等内容组成,如表4-1所示,80%、86.66%、85%的样本分别对上述三项管理服务选择满意,清晰表明案例高校跨文化管理的合理有效性;但与此同时分别有10%、1.67%、6.67%的样本比例对这三项管理不满意,尤其对于招生信息的易得与理解准确性较为不满,表明案例高校的招生信息管理服务还需加强,也有访谈者说道:"学校的网站上招生信息单一,缺少多样化的说明介绍,英文版的翻译有时不太能明白。"

表4-1　来华留学生跨文化招生管理满意调查分析表

案例高校 招生管理满意度	满意度				
	非常满意	比较满意	不太确定	不太满意	非常不满意
招生信息易得、理解准确性满意度	23.33%	56.67%	10%	10%	0%
招生标准合理与方法有效满意度	28.33%	58.33%	11.67%	1.67%	0%
入学申请、手续、咨询服务满意度	25%	60%	8.33%	5%	1.67%

(2)跨文化课程与教学管理

课程与教学管理是来华留学生管理中的常见性管理内容,留学生对其管理的满意度是管理整体满意度的重要内容,可以具体分为教育教学管理模式满意度,院校课程管理满意度,教师教学语言、方法、效果满意度。对此问卷调查如表4-2所示,80%、95%、78.34%的学生分别对此三项表示满意,其中以院校的课程管理满意度最为表现突出,达95%,实证表明了来华留学生课程、教学管理的优秀成绩。但也应该理性地看到仍有6.67%、1.67%、6.67%比例的样本对其管理并不满意,说明案例高校还应该继续对留学生的教育教学管理模式,教师教学语言、方法、效果等管理方面进行适当提升,增强自身高校的留学生跨文化管理教育水平。

表4-2 来华留学生对课程、教学管理满意度调查分析表

案例高校 课程、教学管理满意度	满意度				
	非常满意	比较满意	不太确定	不太满意	非常不满意
教育教学管理模式满意度	23.33%	56.67%	13.33%	6.67%	0%
院校课程管理满意度	33.33%	61.67%	3.33%	1.67%	0%
教师教学语言、方法、效果满意度	26.67%	51.67%	15%	5%	1.67%

　　"教师教学中对留学生'特殊'对待"是课程与教学管理中"趋同化"管理的反向管理行为,在现实性的课程与教学管理中,该类型行为的实际出现程度及其与课程教学满意度的相关关系分析,对于实现"趋同化"教学管理目标有着重要意义。对于教师在实际性教学中对留学生是否存在一定的偏见,如降低对留学生的教学管理标准等问卷调查的结果如图4-3所示,60.67%的样本认为现实中存在,其中16.67%强烈同意该现象的出现事实。仅有6.67%的样本量认为留学生的任课教师在现实中没有"偏见"。从现实性的课程与教学管理中实施来华留学生的趋同化管理,是实现趋同化管理模式的关键,教师应"以一对之",以同样的标准要求来华留学生,而不是降低标准的"特殊化"。

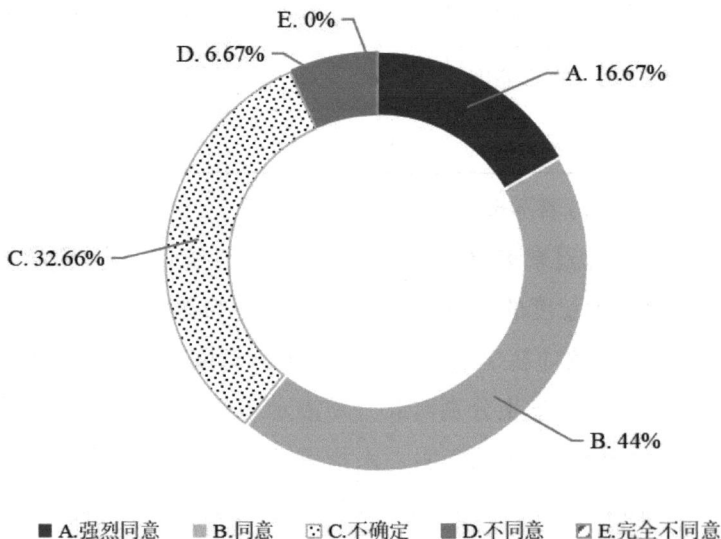

E. 0%
D. 6.67%
A. 16.67%
C. 32.66%
B. 44%

■ A.强烈同意　■ B.同意　▨ C.不确定　■ D.不同意　▨ E.完全不同意

图4-3 "教师教学中对留学生'特殊'对待"现象数据

（3）跨文化活动管理

留学生"参与课外活动获得感"是高校留学生管理中活动组织管理的依据,只有较高的获得感才能在提高留学生参与积极性的同时实现各类活动组织的交流目的,促进留学生对于中国人,对于中国文化乃至中国认识与跨文化能力的发展,培养知华、友华人士。问卷调查的结果显示:90%的样本认为其在参与的课外活动中获得感强烈,8.33%的样本对自身获得感不太确定,1.67%的样本获得感微弱,留学生的高获得感为跨文化管理的文化知识传播提供了有效的途径。

留学生"参与课外活动频率"反映了院校组织活动的频率、质量与留学生的参与积极性,问卷调查的数据结果表明:15%的留学生从不参加、66.67%的留学生偶尔参加、18.33%的留学生经常参加。参与活动频率较低,既有活动本身的缺乏与无趣因素,也有留学生自身的参与积极性不高的因素,因此管理过程中需要在提高各类型活动组织数量与质量的同时扩大活动的宣传与动员,提高留学生的参与积极性,二者并举加深留学生对中国的认识和理解。参与组织活动的频率与活动获得感、满意度之间并没有显著性的相关关系,P值分别为0.388、0.129,这要求管理者在管理过程中不能以留学生组织活动的参与次数作为活动管理质量的评价标准;参与组织活动的获得感与满意度呈现显著的相关关系,相关系数为0.403,P值为0.002,因此要提高跨文化管理中组织活动管理的有效性,必须提高活动的质量水平,准备有针对性的活动内容,增强留学生的获得感,提高管理满意度。

各类院校组织活动满意度与增加中外学生交流机会意愿度的数据分析表明90%、86.67%的样本分别对二者满意,前者总体高比例的满意度充分肯定了案例高校在活动管理方面获得了留学生的巨大认可;后者则以86.67%的高强意愿度凸显了留学生的交流需求与融入中国的意愿,高校应该继续组织多样化的各类活动,增加中外学生的交流机会,提高双方的语言、跨文化和全球胜任等人才培养目标的能力水平。

（4）跨文化日常生活管理

日常生活管理作为留学生管理中最为复杂的管理方面,包含多样的细节性内容,如住宿、饮食、医疗保险、宗教、心理辅导等。问卷调查的数据分析显示,从满意度的总体上看,日常生活服务管理整体满意度较高,如宿舍服务管理、日常生活所需信息管理服务窗口、有效解决问题等满意度分别达到86.67%、86.67%、81.67%,其中宿舍服务管理的非常满意度达35%,其他细节方面满意度也达到均值70%以上,充分说明了案例高校来华留学生对其跨文化管理的认可与肯定。但问卷结果也显示出了一些问题，如在宿舍服务管理中10%的样本对此不太满意；13.34%的样本对医疗保险表示不满意；另外，各有近5%的样本对其他管理服务表示不满意，管理者应该重视这些小比例案例，及时有针对性地得知其所有不满的原因，合理对应解决或进行合理性解释说明，避免个体性意外事件发生。

（5）跨文化细节管理与总体满意度相关分析

从留学生对于跨文化管理的各项细节管理满意度与总体满意度可以较为明确地分析出二者的相关性，结果表明，整体满意度与信息管理、课程教学管理、日常生活管理、人文地理环境管理等均有着显著性的正相关关系且中度相关，如与招生标准方式满意度、住宿管理满意度、宗教管理满意度、趋同管理满意度的相关系数分别为：0.678、0.594、0.536、0.542，充分表明了各管理满意度调查细节的准确性与恰当性。

（6）跨文化工作与就业实习管理

工作（兼职）、实习与就业管理作为管理的一方面内容，也是来华留学生满意度的重要方面，其与留学生未来生活关系较为密切，留学生对此报以较大的感知关注度。从调查问卷与访谈中都发现，需要进一步提高此方面管理的有效合理性，制定实施合理的管理规定与举措。问卷数据结果显示，就读时期的兼职管理、专业实习服务管理、就业指导与信息服务管理的满意度分别为65%、75%、66.66%，而不满意度分别为15%、5%、6.67%，其余样本量对此满意度不太确定。这一数据结果说明，在大体上案例高校的兼职与实习就业等管理获得了留学生们的认可，但同时有需要改进的地方，有访谈者说道："外国人并不都是有钱的，有的时候你看见一位老外穿着并不得体，其实并不是他不在意，而是他没有钱。另外，很多留学生都偷偷出去做兼职以此来缓解自身的经济压力，甚至是家庭的经济压力。"

（7）跨文化周边环境管理

周边人文地理环境是留学生来华留学后所处环境的主体，也是留学前后改变最为明显之处，差异化与相似性的文化表现都融于这一环境之中，留学生只有适应这一环境才能真正实现留学教育中的跨文化适应，其对这一环境的满意度能大体上反映出其自身的跨文化适应状况。其满意度调查结果显示，校园文化环境、周边人文环境、被周边社会接纳、留学地气候地理条件的满意度分别为88.3%、93.33%、81.67%、75%，而不满意者突出表现在被周边社会接纳这一点上，接近8.33%的不满意度与10%的不确定性,表明来华留学生的跨文化社会融入受到了较大阻碍,将一定程度上降低其对中国的认识和理解水平,不利于留学生培养能力目标的实现。气候地理环境的不可变换性决定管理的柔性实施,即通过提示、提醒气候变化、出行方式路线等提高留学生的满意度。地方高校采取与周边社会联合塑造的管理政策,可以加深留学生对于中国人文环境尤其是地区性人文特征的理解与认知,提高留学生的环境满意度。

（8）跨文化身份认定管理

学生的身份管理包含三个方面:一是自我身份认定管理,二是管理者在管理过程中对留学生的身份认定管理,三是周边社会对留学生的身份认定管理。三者共同形成留学生的社会身份体系,决定着管理中留学生的角色定位。从留学生的身份认定感知调查结果来看,70%的留学生认为管理者与周边社会将其作为外国人对待而不是一名普通的学生对待,这与当下实施的趋同化管理是相违背的。身份认定的不趋同必定导致管理中的不一致,因此扭转留学生自我、管理者、周边社会对留学生的身份认定是趋同化管理的必要前提。

"推荐亲友同校留学意愿强度"是归属认同感的重要性体现,也是来华留学生对于其自身经历的来华留学教育满意度的重要指标,一般而言其满意度越高,推荐亲友同校留学的意愿也越高,二者呈正相关关系。问卷调查的数据统计显示,36.67%的留学生非常愿意推荐自身亲友同校留学,51.67%的留学生愿意推荐,不同意的比例仅为1.67%,其余表示不确定。这充分表明了来华留学生对其自身的留学经历满意度较高,对学校的认同度较好。

第五章
高校来华留学生教育管理存在的问题

第一节 招生管理问题

招生管理是做好来华留学生教育管理的首要环节，把控着学生质量，影响着学校教育管理工作的具体有序开展。从前文教育管理发展的梳理中能够看出，随着我国来华留学生的不断增加，越来越多的高校开始拥有招生自主权，权力的下放一方面刺激了留学教育事业的发展，另一方面也带来了发展水平的参差不齐。通过问卷及访谈，发现从招生投入、宣传手段、入学标准等多个方面，不同地区和高校存在不同方面和不同程度的问题。

一、部分招生投入不足，手段单一

新中国成立之初，我国的国际教育事业由国家教育部门归口负责，教育部统一进行来华留学生的招生审核，并指定高校实施具体的教育管理。随着来华留学事业步入正轨和来华留学生数量的日渐增多，国家开始下放权力，给予高校更多的招生自主权。除国家留学基金委统一分配的来华留学生名额外，各大高校可以通过多种途径自行招收来华留学生，而高校国际化水平也由此成为评估高校发展水平的重要指标之一。

但当前，由于我国部分高校国际化办学意识相对比较薄弱，加之本国学生的逐渐增多致使更多的教育资源与人力更加集中在本国学生的招生上，因此对于来华留学生招生重视性大多表现在招生人数的硬性指标上，人力、物力、财力投入较少，招生积极性较低。负责来华留学生招生的队伍一般只有国际处或相关国际学院的管理人员，招生人力资源不足，工作压力大。某高校受访的一位招生负责老师提及："有些时候，我们学校设定的招生目标还挺高的，需要做的工作有很多，但是人手不够,每天加班加点。最近有位年轻教师因为工作无法顾及家庭和孩子,已经提交了辞职报告等待审批。"

除此之外,通过自主宣传方式招收学生的比例较小,缺少国际院校合作,多数院校招生途径以中介合作为主,依靠中介输送大批量学生,渠道单一。招生手段缺乏灵活性和多样性,忽视互联网技术在宣传效果上的作用,网站宣传千篇一律,缺乏吸引力,招生信息推送不及时、不突出,招生宣传内容简单笼统,不能根据招生对象及招生地区突出重点,针对性差。如在访谈中,一位受访学生在对如何进行学校选择的问题中回答道:"我是通过互联网查找学校信息的,一些学校的留学网站只有中文和英文版本,但我的英文不好,阅读起来很麻烦,所以会更多看一看有俄语版本的学校,这样就了解得比较清楚,能看到我想要了解的重点。"

二、招生国家和专业比例不协调

2017年,我国已经成为亚洲最大的留学目的国家,从整体来看,留学人数不断增加,来源国种类不断增多,学生类别不断丰富,学习专业不断增加,国际教育事业发展稳中有进。但聚焦各个方面,存在招生学生所在国家和专业失衡问题。纵观70多年的发展,我国来华留学生招收中一个突出而不变的特点是以亚洲国家学生为主,欧美国家学生较少。我国来华留学生的主要来源国为中国周边的亚洲国家,如老挝、泰国、哈萨克斯坦、俄罗斯、巴基斯坦等,2017年,亚洲来华留学生人数是其他各大洲学生人数的四倍左右。随着全球一体化趋势的加强,飞速发展的中国无时无刻不吸引着国外学生的瞩目,同时,越来越多的发展中国家逐渐重视人才的培养,认识到高等教育对国家发展的重要性,因而在政府的支持下,部分学生走出国门来华留学,但欧美等发达国家学生数量偏少,比例严重失衡,给高校的教育管理带来了一定问题和负担,如人才培养起点低、沟通障碍等。一位普通高校受访的教师认为:"近一两年,我们学校欧美国家学生人数为个位数,但某些亚洲国家学生越来越多,出现问题时,小团体现象比较严重。"另一位负责专业教学的受访老师称:"有些英文授课的学生英文水平不强,上课效果很差。"在招生专业上,虽然专业类型覆盖汉语言、工科、经济、管理、艺术、农科等多门学科类型,但非学历生,即学习语言的短期生比例较大,以文科专业学生居多,理工科专业学生偏少。

三、部分招生考核形式简单，标准较低，生源质量不高

在我国，计划出国留学的学生出国前需在本国进行专门的语言水平考试及包括学生品德在内的相关信息核查，国外接收学校也进行相应的资格考试，层层把关，确保学生质量。相比本国学生出国留学，我国来华留学生来源国主要为中国周边的发展中国家，这些国家经济基础比较薄弱，高等教育发展缓慢且水平相对较低，由此流入我国的来华留学生从整体上来看，知识水平偏低，学习能力偏弱，生活技能偏差，学生生源质量从根源上就相对落后。除此之外，部分高校对于经济和声誉利益的追求，一定程度上加剧了该问题的严重性。高校国际化水平是衡量优质高校排名的重要指标之一，具体表现为高校中来华留学生所占比例。为提高本校排名，除了注重论文发表及引用情况、学校声誉外，增加来华留学生比例是高校提高自身排名的一种相对简单、快速、有效渠道。同时，来华留学生教育在文化传递与交流的同时，高昂的留学费用更为高校带来可观的经济收入，缓解了办学压力。在这样的经济和声誉利益驱动下，部分高校急于追求招生数量，降低入学准入标准，放宽招生审核，如招生申请仅为资料审核或加面试，录取标准仅依据前一阶段学生的学习成绩，形式简单、参考价值低。因此，高校国际化程度虽然在数量上达到了标准，教育质量却得不到保障。正如受访汉语教师所说："我们的汉语教学以英语为工具，但在近一两年招收的学生中，有些学生完全不会英语，上了一两节课就开始缺课，即使不缺课，这部分学生上课时也非常茫然。"

第二节 教学管理问题

教学管理是来华留学生教育管理中占据比例较大的部分，也是存在问题比较集中的方面。从问卷所反映的教学管理现状来看，教学管理的结构、是否有充足的国际化师资及教学方式的适应性是给来华留学生学习造成困扰的主要因素。同时，本书纳入教学管理的奖学金获取和在华就业问题也给我国国际教育的发展做出启示。

一、教学管理交叉

我国针对来华留学生的教育管理模式主要有五种类型，分别是国际合作交流

处模式、国际文化交流学院模式、二者合一模式、二者分工模式以及二者立体合作模式。随着国际教育事业的不断发展,高校来华留学生在学生数量和学生层次上都发生了较大变化,仅靠高校中某个单独部门单独管理已经远远不能满足教育管理需求。与此同时,来华留学生的教育管理涉及招生录取、签证延期、教育教学、医疗体检、宗教活动等多个方面,具体管理要求与本国学生有较大差异,因此当前普遍采取由国际处或国际学院统筹规划,并联合其他学院联动管理,如国际处或国际学院负责招生、日常管理,其他专业学院负责具体学籍、教学、结业毕业审核等。该种模式厘清了来华留学生教育管理的复杂性,将教育管理的各个部分进行划分,并分配到各个部门,旨在分散教育管理压力,提高教育管理效率。但在实际的运转过程中,多个部门协同合作虽然减轻了某个教育管理部门的负担,但往往由于多个部门难以统筹,缺乏明确的职责分工,沟通交流不畅或迟缓,加之个别部门工作不规范、不明晰,给本来就认为管理流程繁杂、对相关信息理解及发布存在理解疑惑的来华留学生带来了更多障碍,使得教育管理交叉,过程迂回曲折,由此降低了来华留学生配合度,影响了教育管理效率和质量。

二、国际化师资相对不足且水平不高

教育的实现途径多样,教学则是实施教育的中心环节。教师是实施教学的主体,起到教书、育人的双重作用。教育教学质量的提升,离不开教师群体这一人力基础,只有具备一批数量足够、有相当专业素养的教师队伍,才能有效地保证高校教学管理的有序进行。随着知识经济的不断发展,人才竞争日渐激烈,越来越多的高校逐步意识到高等人才对于自身发展的重要性,提高教师准入标准,并通过各种手段和途径引进海内外优秀人才,加大在职教师培训力度。更多高校对于教师的选用和聘任已经不仅仅局限于本国学历背景,海外经历也愈加成为必备教育背景之一,而来华留学生的教育教学管理则更加需要这样一批教师队伍的加入。

从数量上来看,高校国际化师资的数量虽在不断提高,但相比于不断增长的来华留学生,其供需一直处于不平衡的状态,对国外文化了解不多或无海外学习背景的教师占绝大多数。

从质量上来看,无论是否具有海外经历,无论是否对国外文化有了解,涉及来华留学生教育管理的教师队伍都存在不同程度的能力问题,教师质量有待提升。来华留学生是一批天然具有多样文化背景的群体,语言、文化、信仰、生活习惯等方面与国内学生存在的较大差异,要求教育管理人员必须具备一定的跨文化意识,结合具体教育教学实际"学会理解""因材施教"。缺少相关文化背景的认知和理解,师生之间必然在初步的沟通交流上就存在矛盾,教师无法理解学生,学生质疑教师的能力。在具体的教学过程中,教师的英文水平、普通话水平严重影响着教学质量和效果。英文授课的教师具备一定的语言水平,但在实际的课堂中,面对不同国家不同英语口音的学生,其英文水平有时也难以应付学生的提问或突发情况;中文授课的教师,尤其是中年教师,在英语水平难以满足教学需要的同时,普通话水平不达标,上课使用方言,给本来就存在语言障碍的来华留学生造成了极大的学习负担和心理压力。"上课的老师和辅导员说的汉语不一样,老师在课上讲了一句话,中国同学们都在笑,但我不知道他们为什么笑,因为我听不懂,但是和辅导员聊天的时候我可以明白。"受访学生如是说。教育教学本质就是师生之间的沟通互动,缺乏教师或教师专业水平较低是影响教育教学最基本的因素,也应该是高校在未来来华留学生教师管理队伍建设中需要加大注意和亟待解决的问题。

三、部分教学方式不合理

素质教育是新时代我国明确坚持的一项教育理念,旨在要求教育要尊重学生在学习中的主体地位,充分发挥学生的主动性和积极性,促进学生个性发展,培养全面发展的高素质人才,高等教育也不例外。我国高校的教育教学形式普遍采用的是课堂集中授课的教学模式,即班级授课制,学生以秧田式座位排列,教师灌输式讲解知识点,学生机械式听课、记录。偶有部分课堂采用师生交流讨论、学生合作学习、围绕话题研讨实践等方式,但该种教学方式并未形成主流形式。

互联网在为教学提供技术便捷的同时,引发了新的问题。互联网在教育领域应用技术之一的多媒体设备使教师能够以一种更加便捷的方式,在短时间内将大量的知识传递给学生,或通过计算机模拟现实中无法传递的信息,极大地提高了教学效率,丰富了知识量,但同时模糊了教学内容与形式,大量的知识点以PPT的形式展示出来,更加难以突出教学重点。

在这样的教学方式下,本国学生由于具有相似的教育背景、思维模式、学习能力等,能够习惯该种教育形式,通过自身的调节到达最终的学习目的。但来华留学生教育背景多样,思维方式相对开放,追求自由,渴望表达,个人主义思想深刻,相对固定和死板的教学方式对其具有拘束性和压抑性,加之语言水平限制及晦涩难懂的学习内容,大部分来华留学生的学习质量较低,逃课、缺考现象时有发生,因此高校这种常用的教学方式难言合理,该问题也是上述调查中集中反映的问题。

四、学业奖学金获取相对困难

学业奖学金是各国高校吸引留学生来华留学,发展国际教育最具吸引力的手段之一。新中国成立之初,我国第一批来华留学生大多享受中国政府奖学金资助,奖学金涵盖学费、住宿等多项费用。随着我国经济水平的不断提升,为促进国际教育事业的进一步发展,政府出台了一系列相关政策,带动引导地方及高校优化奖学金供给,来华留学生的奖学金类型和规模有了较大的变化。如2016年8月,教育部颁布的《推进共建"一带一路"教育行动》文件中明确提出增设中国政府"丝绸之路"奖学金,标准为3 000元/人/年,为"一带一路"共建国家专项培养行业领军人才和优秀技能人才。各个省市高校积极响应号召,设立学校奖学金,为优秀来华留学生提供资助。但聚焦具体的奖学金设置评定,来华留学生奖学金工作仍有三大难处亟待解决。

一是难在奖学金名额、数额相对较少。虽然从国家到地方高校从不同层面增设了不同级别的奖学金,但与庞大的来华留学生基数相比较,各类奖学金名额较少,中国政府奖学金生只占全部来华留学生的11%左右,且相比较学费、住宿费等留学费用,资助金额一般。

二是难在评选标准稍高,竞争较大。来华留学生奖学金评选基本以学业成绩为主,而受到语言、学习能力、学习习惯等各方面因素的影响,大部分来华留学生在华学习成绩处在中等水平,学业压力较大,同时奖学金提供名额有限,因此竞争难度加大。

三是难在奖学金评选标准不太合理。国家奖学金及部分省级奖学金评选名额较为固定,如中国政府奖学金资助名额一经确定,虽然每年实行年度评审,但如无重大过失,学校一般不会递交报告取消获资助资格,致使部分学生放松自我,安于现状,而其他优秀学生无机会评选。个别地方政府奖学金甚至无年度评审。部分高校奖学金评选标准模糊。这些问题的存在,非但没有缓解来华留学生的经济压力,还使得我国奖学金资助水平仍处在中等水平,影响了我国国际教育的高水平发展。

五、留华就业困难

首先,教育全球化是现代教育改革和发展的趋势之一,世界各国逐渐重视国际化人才的培养,希望通过建立国际学校,开设国际课程等途径,培养能够适应国际化发展的通用人才。我国留学教育事业经过70多年的发展,在国际人才的培养规模和培养质量上都有了较大的提升,但在促进来华留学生的留华就业方面意识不足,各项工作的开展都处于起步阶段,2016年我国才首次举办来华留学生人才招聘会,为在华外企提供人才支持。

其次,来华留学生在华就业限制较多,缺少在华就业机会。为吸收国际优秀人才,促进来华留学生在华就业创业,中共中央、国务院及北京、上海、广州等发达地区相继出台了相关政策,放宽在华就业的限制,拓宽在华就业的渠道,鼓励来华留学生在华兼职、实习、就业、创业,出入境允许给予其实习签证或工作签证。但仍有部分地区依然实行严格的就业管理政策,来华留学生在华兼职仍属于违法行为,这在加重来华留学生经济负担的同时,也对当地的经济发展产生了不利的影响。

最后,来华留学生的就业信息匮乏。高校对来华留学生的教育管理基本上止步于结业、毕业,教育管理人员自身就对来华留学生留华就业方面缺乏关注和重视,不了解就业形势,也缺乏就业来源,因此致使来华留学生既无法从高校及时获得全面准确的就业信息,又缺乏针对性的就业指导,成为高校中被忽视的就业群体。基于问卷调查的分析结果及访谈可知,我国悠久的文化底蕴,强大的科技实力,尤其是飞速发展的经济和稳定的社会环境,使来华留学生具有强烈的留华意愿,渴望在华工作,甚至在华定居。然而基于上述种种原因,我国针对来华留学生就业的形势并不理想,和来华留学生个人意愿存在差距,如"我现在是本科生,读完本科,我在考虑是否继续在中国读研究生,因为我想留在中国,如果读研究生,我觉得找到工作的机会可能会多点""在我们学校来华留学生不能出去工作,辅导员在假期的时候会一直提醒我们,非法工作会受到出入境的处罚"。

第三节 生活管理问题

在马斯洛需求层次理论中,马斯洛将人的需要分为五种,其中生理需要和安全需要为低层次需求,只有该种需要满足后,更高一层的需求才能得以实现。因此,在来华留学生的教育管理中,生活问题是教育管理的基本问题,学生生活问题突出,便无心顾及学业及个人发展,学生的基本生活得不到保障,学校其他各项工作也难以顺利开展。

一、语言文化差异突出,矛盾相对频繁

高校来华留学生来自世界各地,巨大的语言文化差异使其生活教育管理不仅具有本国学生管理过程中诸如经济困难、自理能力差、心理障碍等一般问题,同时还存在人际交往中的语言障碍、宗教信仰冲突等,这些问题对来华留学生日常生活的影响较大,且广泛存在于师生之间、不同国籍的学生之间甚至相同国籍的学生中。高校中,基本由总务部统一负责在校中外学生的食宿、水电、网络的使用等,日常生活中具体接触来华留学生的一般为部门一线员工,如宿管阿姨、维修师傅、安保人员等,该批人员年龄相对较大,科学文化水平较低,不具备相应的英语交流能力,文化素养一般,也缺乏自觉服务意识。来华留学生,尤其是汉语水平较差的来华留学生难以向其寻求生活上的帮助,当出现问题或产生矛盾时,往往需要寻求上级部门或其他部门的帮助,如辅助翻译、辅助宿舍检查等,甚至有时会因为言语误解、行为习惯差异,造成言语行为冲突。

生生之间的文化背景差异造成的生活矛盾更是常见的问题之一。同伴群体是人的发展过程中对自身影响较大的群体,相较于老师和家长,学生更愿意同朋友伙伴分享交流,但朝夕相处中也容易产生各种矛盾纠纷。来华留学生大多拥有鲜明的宗教信仰,不同的宗教信仰使得同伴之间存在明显的价值观差异;部分地区学生具有国家情节或地区文化禁忌,对相关国家或地区的其他学生存在本国历史文化遗留下来的看法与偏见;甚至是相同国家学生之间也常常因为生活、交友习惯,发生摩擦冲突。"安排宿舍的时候,我会告诉老师,我是伊斯兰教,请老师不要安排一个基督教的同屋,因为他们的同胞们经常喝酒。""我们都来自阿拉伯地区,可以在一起学习,但是希望有一个其他国家的同屋。""我和我的同屋以前是朋友,但是她经常带很多人来宿舍,很吵,我不能休息,所以我们吵架换了宿舍,见面也不会再说话。"类似这样的生活问题在受访中比比皆是。

二、部分生活管理制度可行性较低

制度建设是各项工作进行的有力保障,使得工作开展有据可依。为保证来华

留学生有一个良好的生活环境和健康的生活习惯,高校针对来华留学生日常生活的衣食住行制定了细致的规章条款,以规范来华留学生宿舍出入、宿舍用电、宿舍卫生等各方面行为。虽然各项制度形式上大多单独立项,但从本质上看,其基本理念同本国学生管理并无较大差异。这种以管理中国学生的方式管理来华留学生的制度规定,方式方法本身没有问题,但管理对象的变化则使其不适应来华留学生文化多样和个性突出的群体特点和生活实际,虽然制定制度的出发点在于营造良好的生活环境、规范学生行为、保障学生安全,但一定程度上也表现出管束和压制的特征,致使其适用性、可行性和可操作性降低。学生对于生活管理制度的简单了解而非理解是造成生活管理问题突出的另一个因素。根据前文问卷分析部分的数据可知,大部分来华留学生了解制度的内容规定,却明知故犯,一方面是规章制度本身存在适用性问题,另一方面是规章制度的传达和普及方式简单而单一。多数规章制度直接以学生手册的形式出现,或以通知通告的形式张贴推送,没有相关说明,也没有集中学习,因此实际情况下很少有学生真正地学习阅读,更有甚者直接忽视。来华留学生了解的只是这条规章制度所形成的文字,而非理解也因为文化差异难以理解每条规定背后的含义和初衷,导致将部分规定定义为对自身的压制,明知不能为而为之。最终规章制度形同虚设,实际执行效果不尽如人意。

第六章
高校来华留学生教育管理存在的问题归因

第一节 高校来华留学生教育管理存在问题的原因分析

一、以教育管理者为主体的原因分析

教育管理者是高校教育管理的领导者、决策者,也是相关管理的实施者、学生的引导者,在来华留学生的教育管理中占据主导地位,这也决定了教育管理者在问题的解决方面需要承担更加主动和重要的责任。教育管理者的目标是否明确,理念是否先进,具体实施的政策是否完善,渠道是否畅通,甚至人员是否充足等都是影响来华留学生教育管理工作能否良好开展的重要原因。

1.教育管理目的不明确,态度模糊

国际教育事业是高等教育的重要组成部分,也是传播中华文化不可忽视的重要渠道,国家政府、地方高校明确来华留学生在提升我国高等教育水平、弘扬中华传统文化中的地位和作用,充分重视来华留学生的教育工作,但在具体的实践中缺乏明确的教育管理目标和态度,导致来华留学生教育管理出现问题,其表现有三。

其一是重量不重质。在国际教育发展初期,国家政府设定目标,积极引导各大高校广收来华留学生,办好国际教育。但随着国际教育事业发展渐入佳境与来华留学生招生目标的提前完成,高校的国际教育工作就不应一味地追求学生数量,而应在保证学生数量的同时,考虑如何做好在校学生的教育管理。当前,越来越多的高校在认识到来华留学生对本校发展的重要性后,通过中介合作、奖学金优惠政策、校友介绍等多种途径积极扩大招生,吸引更多国家的来华留学生来华留学,但

缺少必要的时间精力思考应该树立什么样的教育理念,怎样完善相关的管理制度,通过什么可行的方法等实现对来华留学生的有效教育,以解决管理中存在的问题,而不是面对问题频发的教育管理现状,仍旧集中精力收学生。在校学生教育管理做不好,招收新学生也将重蹈覆辙。

其二是硬管理。来华留学生学历层次多样,年龄跨度较大,在符合录取政策的前提下,各个年龄层次的学生都可以进入高校接受语言学习和专业教育。与此同时,来华留学生文化背景迥异,思想活跃,有强烈的个人意愿和想法,追求个人权利和自由。对于高校的教育管理,他们更加偏向于一种柔性管理,即在不触犯法律红线和校规校纪的前提下,以师生平等的地位,充分表达个人意见,在共同商讨中开展工作。与其相矛盾的是,我国高校的教育管理较为注重个体社会化,培育学生的集体主义精神,对学生进行社会性规范。高校常常在潜意识下以该种态度,强制性地规范灌输和教导来华留学生,较少关注其生活轨迹,关爱其个人发展,如政策直接发布而缺少相关的解释说明,奖学金评选忽视对经济困难留学生的倾斜等,结果致使各项规章制度不仅不能约束来华留学生的行为,还造成其逆反心理,由此引发各种问题。

其三是参与性低,积极性差。我国高校针对来华留学生的教育管理多是多个部门共同参与,协同合作,但实际上某些管理部门很难主动参与,积极作为,导致教育管理较为松散,缺乏整合。

明确来华留学生教育管理的目标,在教育管理中提升来华留学生对我国高等教育的认可与对中华文化的理解,充分发挥其在文化交流中的桥梁作用,是国际教育工作的重中之重。作为主要教育阵地的高等院校,如果不明确这一目标,不端正积极的态度,就无法使国际教育工作在正确的轨道稳中求进。

2.部分管理理念陈旧,制度建设不健全

教育发展,理念先行。在国际化教育的大背景下,部分高校仍坚持旧的教育管理思想,忽视来华留学生特殊群体特征,实施与本国学生毫无差别的统一管理;高校中仍存在个别教师,以带有文化偏见的态度对待来华留学生。如受访学生提及:"学院有的时候出去参加一些活动,老师会单独找一些学生参加,虽然不是常常这样,但是我们知道了,还是会觉得很不好。"高校来华留学生的教育管理,不坚持树立跨文化意识,不更新国际化的办学思想,不接受来华留学生的文化特点,不尊重

其行为习惯,就无法做好来华留学生入学注册、教育教学、生活管理、活动参与等各项具体工作。

理念的执行以制度建设为体现,也需要制度作保障。在来华留学生教育管理工作的具体开展中,配套管理政策零散、不健全是引发问题的重要原因。该问题表现在多个方面,如缺少相应的规章制度,教师工作开展如摸着石头过河,无依据可循,学生处理个人问题无人可问;已经设立的规章制度不完善、不清晰、不规范,即使有据可依,却存在漏洞和争议,缺少说服性;新制度颁布,旧制度未废除,新旧制度并存;针对中国学生制定的规章制度不经修订直接用于来华留学生,造成误解。另外,规章制度的颁布和执行过程中,还存在个别教师自身理解偏差,制度宣传解读不到位等现象,由此导致制度从建立、颁布到实施的一系列过程都存在问题。

先进的科学理念指导科学的实践发展,制度的建立保证教育管理应有的规范。违背实际情况,漠视学生个性特征和发展规律,不合规矩,任意行事,必然导致问题衍生。

3.师资队伍相对少而弱,管理渠道多而杂

教师和学生是教育管理活动中的双主体,学生是教育管理的对象,教师则在这一过程中起主导作用。来华留学生的教育管理复杂多样,相比本国学生教师队伍的建设,来华留学生的师资队伍要求教师既要具备国际化的教育管理思想,又要具备符合教育管理对象特点的专业教育管理能力和素质,教师队伍的不健全,将直接导致教育管理过程的混乱,教育管理效果的低下。目前,来华留学生师资队伍建设存在"源"与"流"的不足,从而引起来华留学生教育管理存在问题。

"源"即国际化师资数量偏少,且水平不高。国际化师资的少而弱本身既是来华留学生教育管理中存在的显著问题,也是引发其他问题的主要原因。在教育教学活动中,来华留学生的教师队伍多以多方抽调的形式为主,中文授课学生的教学直接在中国学生中插班上课,英文授课的学生教师由各个学院抽调具备英文水平的专业教师授课,其语言水平、思想准备、教学能力不足以保证来华留学生的教育教学的专业性,教育教学活动的进展也不甚流畅。在日常管理过程中,由于来华留学生教育管理工作自身的压力性和复杂性,留管人员在工作岗位中的流动较为频繁,专职管理教师一人担当多职,同时聘请具备一定学历和学生工作能力的学生承担相关工作,兼职工作特点较为突出,而无法保证工作专业性和专注度。

"流"即多头管理,管理渠道不畅通。来华留学生师资队伍的少而弱在造成教育管理压力的同时,高校采取的多部门协同教育管理的模式更是使来华留学生教育管理雪上加霜。在未厘清有效管理体系的前提下,教育管理分工合作使得管理过程冗长,管理程序烦琐,管理岗位职责混乱,各个部门易推卸工作责任、扯皮冲突,管理态度不佳,加之来华留学生教育管理信息的复杂多变,不同部门信息沟通交流的被动和滞后,各种问题应运而生。长此以往,教育管理工作迂回而无从下手,学生解决问题时迷茫而耗费精力,高校教育教学管理难以在学生中保持较好的口碑,学生教育管理配合度每况愈下。

二、以来华留学生为主体的原因分析

来华留学生是高校教育管理的对象,同时是教育管理中的主体。高校的教育管理并非教师和学生间单向的教育与被教育、管理与被管理,而是师生之间交流互动,共同发展的过程。做好来华留学生的教育管理,一方面需要教育管理者自身做好本职工作,另一方面需要来华留学生在教师的引导下,积极主动地配合,共同实现教育管理的目标。

1.部分学生基本素养水平不高,生活适应性差

来华留学生是跨文化交流的首要群体,其群体文化具有异质性和多样性,能否在教育管理过程中引导来华留学生克服跨文化适应不良,提升学习、生活、文化各方面适应性,缩短适应期,是高校教育管理能否实现预期目标必须考虑的因素之一。新西兰学者沃德曾从旅居者跨文化认知、情感和行为三个角度出发,提出跨文化适应的模型理论;我国学者朱国辉以沃德理论为主,综合国内外学者关于跨文化适应的理论研究,认为来华留学生在留学过程中主要存在心理适应、社会文化适应和学术适应三个方面的问题。良好的心理适应表现为来华留学生能够具备正向的认知和情感,正确看待两种异质文化,对生活乐观、积极、满意;良好的社会文化适应表现为能够理解不同文化,具备相关文化知识和沟通交流的能力;良好的学术适应表现为能够顺利完成学业,实现个人发展。对照我国高校来华留学生的基本情况,我国来华留学生的招生对象主要为中国周边的发展中国家,其经济发展落后,高等教育发展缓慢使得生源质量不高,学生基本文化素养偏低,学习能力不强,生活技能掌握程度一般,由此在异质文化的校园生活中存在各种心理障碍、文化冲

突、学习困难等现象,如远离家乡在异国留学的思乡之情,"中外隔离"而难以结交朋友的孤独抑郁,无法融入当地文化,无法理解周围世界的消极迷茫,因语言障碍而导致学业成绩不理想的担忧。与此同时,来华留学生在来华之前又对即将到来的异国来华留学生活存在较高的要求和期待,二者之间的矛盾致使来华留学生来华留学后产生较大的心理落差。如此一来,来华留学生适应不良,高校教育管理效果不佳问题随之出现。

2.精神信仰差异明显,教育管理配合度低

纵观世界各国的历史文化发展轨迹,中外各国素来有着不同的文化追求和价值取向,这些差异鲜明地体现在来华留学生的思想行为之中。

在政治制度差异中,我国是社会主义国家,始终坚持以马克思主义思想为指导,坚持人民民主专政的社会主义制度。除中国周边的越南和老挝外,我国招收的来华留学生绝大部分源于奉行资本主义制度的资本主义阵营国家。两种不同的政治制度指导着不同国家的发展方向,也从根本上影响着教育对所培养人才的性质和要求。我国坚持集体主义原则,当个人利益和国家、社会、集体利益相冲突时,本国学生更多的是服从集体利益和管理。而来自资本主义国家的来华留学生更多坚持以个人主义为中心,倾向于优先满足自我追求。

在教育管理差异中,我国高等教育管理民主化、规范化,学生自主学习、自我教育、自我发展的意识相对较为薄弱,学习、成长多数情况下由家长或学校直接安排,学习的选择性和自由度相对较小,高校和学生都缺少对学生个性化发展的关注。相比之下,来华留学生历来的教育成长环境较为宽松自由,学生拥有更多个人表达的机会、自由选择的权利,注重个性发展与自我实现,且家庭教育也同样如此。因此留学生自我主体性意识较为明显,遇事倾向于主动地展现自我,积极争取个人所需。

在宗教信仰差异中,我国大部分公民无宗教信仰,坚持马克思主义指导思想,坚持社会主义核心价值观,对于少数信教公民,国家尊重保护其宗教信仰自由,但不会主动提倡信教。相反,外国社会信仰宗教已成一种普遍现象,虽公民信仰宗教的程度不同,有的较为虔诚,有的信仰程度一般,但普遍信教。不同的信仰促使学生坚持不同的世界观、人生观、价值观,以不同的态度对待生活,选择不同的方法解决问题。

因此,由于受到不同社会制度、教育经历、文化信仰等方面的影响,来华留学生具有与中国制度文化差异较大的精神信仰,且这种精神信念在多年的潜移默化影响中已根深蒂固,短时间内难以改变,当高校的教育管理与其头脑中固有的信仰发生冲突时,如不加以引导,出于本能选择,来华留学生更加偏向于个人较为适应的方式对待生活变化与高校管理带来的压力,这就造成来华留学生对高校教育管理的理解偏差,致使配合管理度低。

3.沟通交流流于表面,行为文化冲突

沟通交流是高校教育管理的基本途径,有效的沟通交流不仅能够传递信息,增进情感,还能对互动双方起到激励和调控作用。高校中师生之间、生生之间的沟通交流是重要的教育活动之一,师生之间通过交流讨论相互了解,构建良好的人际关系,来华留学生教育管理也是如此。

来华留学生是高校中的小群体,与校园中其他师生集体存在不可避免的语言及文化差异,这些差异致使来华留学生在与同伴群体及与教师的交往中都存在或明或隐的问题。在生生关系中,中国学生和来华留学生犹如一条小河隔开的两岸,各自为营,各谋其路,双方大多只习惯于同自己行为习惯相仿的本国学生相处,中国学生出于学业压力无心主动深入来华留学生生活,来华留学生由于差异无法理解中国学生的世界,甚至"被隔离",中外学生之间最多的相处仅限于课堂或者学校组织的集体活动。偶有相处甚好的异国同学伙伴,也只存在于少数情况中,且相处关系并非都自然和谐。在师生关系中,我国高校形成的教师和学生的关系,一定程度上具有领导与服从、灌输与被灌输、约束与被约束的特点,教师以其丰富的人生阅历和专业素养指导学生,学生在与教师人格平等的基础上,也保有对教师的敬畏和距离。但来华留学生乐于追求自由平等,与教师沟通交流时往往畅所欲言或无拘无束,该种交流方式并非出于来华留学生的恶意或无礼,但往往因为双方思维表达习惯的差异,易造成教师对学生"无礼"的质疑,学生对教师"管束"的反感,长此以往,师生虽在表面上有沟通交流的习惯或机会,但往往交流流于表面寒暄,教师实际上不理解学生的想法,也很难对学生出现的问题对症下药。

来华留学生与高校其他师生群体沟通交流流于表面,真诚深入交流相对缺少的现象,极易引发人际矛盾,甚至行为冲突,造成教育管理的低效。

三、特殊化管理模式的形成及体现

来华留学生数量急剧上升,层次越来越多,人员构成及背景越来越复杂,活动范围急剧扩大,国别、民族、信仰各有差异,能否做好来华留学生的教育管理工作,事关学校与社会的稳定大局。

1.新中国留学生教育发展的简要回顾

从1950年年底新中国接收第一批来自捷克斯洛伐克、波兰、罗马尼亚、匈牙利和保加利亚5个国家的33名来华留学生到2016年的66年间,我国对来华留学生的教育与管理经历了起步、实验探索、定位调整以及21世纪初以来的快速发展时期。来自教育部国际司的统计数据显示:2018年,我国来自全国31个省(区、市)的1 004所高校,共接收了来自196个国家和地区的492 185名外国留学人员。目前,我国已经成为世界第三、亚洲第一的留学目的地国。

通过对新中国来华留学生发展历史的回顾与梳理可以看到,来华留学生教育管理近70年的发展,大致经历了以下四个阶段,每个阶段都体现出了鲜明的时代特征。

第一阶段:新中国成立初期到改革开放之前(1950—1978年)

计划经济时期是来华留学工作的起步阶段。这一时期的来华留学生基本上是国家间的留学生交流,除个别情况外,没有自费留学生。

1950—1965年,我国与大多数建交国家开展了留学生交流,而苏联、东欧等社会主义国家及亚非拉第三世界国家是来华留学生的主要来源国。这一阶段,我国接收来自70个国家的各类来华留学生共7 259人,其中,来自社会主义国家的留学生人数占同期来华留学生总数的90.58%,其他亚非拉民族独立国家的来华留学生人数占同期来华留学生总数的2.7%,二者共同占同期来华留学生总数的93.28%。1966年,高等学校停课,来华留学生教育中断长达8年之久,直到1973年才恢复招收来华留学生。1973—1977年,我国共接收2 066名来华留学生,亚非拉发展中国家成为来华留学生的主体。来自苏联和东欧国家的留学生明显减少,同时,欧美来华留学生比例上升,占到同期留学生总人数的26.9%。

1950—1978年的28年间,全国累计接受培养了12 800名留学生,几乎全部由我国政府提供奖学金。1978年在华学习的留学生人数为12 000余名。虽然留学生的规模和国别数十分有限,但大部分都成长为与我国开展友好工作的骨干力量。

第二阶段:改革开放之初到20世纪80年代末(1978—1989年)

在改革开放形势下来华留学工作的实验探索阶段,批准一些高等学校招收自费来华留学生,成为这一时期中国教育对外开放的突出标志。来华留学生的来源国扩展到西方一些工业发达国家。1978—1989年,全国共接受和培养了40 221名留学生,其中政府奖学金生13 699名,自费留学生26 522名。来华留学生效益和影响已日益显现出来。

第三阶段:来华留学教育事业的定位调整和确定阶段(1990—2000年)

在这一时期,以建构"与社会主义市场经济体制和政治体制、科技体制改革相适应的教育体制"为旨归,通过改变旧的办学理念,健全新的管理体制,拓展高等院校的办学自主权,我国初步建立了灵活、有效、合理的来华留学生教育管理的新机制,并试图逐步与国际留学生教育管理体制正式接轨。

1990—2000年,全国共接受和培养了310 000多名留学生,其中政府奖学金生18 360名,自费留学生292 000多名。

第四阶段:21世纪初以来的快速发展阶段(2001年至今)

2001—2016年,来华留学生人数年均增长率超过20%。2008年,在华学习的各类留学人员达到223 500人,其中政府奖学金学生14 000余名(6%),自费生近209 500人(94%),接受学校达到592所。2012年,全年在华学习的外国留学人数总数首次突破32万人,截至2016年年底,全国高校来华留学生总数达442 773人,比2015年增加了45 138人,增长比例为11.35%。这些留学生来自205个国家和地区,分布在全国范围内829所高等院校、科研院所和其他教学机构中学习。来华留学生总人数、生源国家和地区数、我国接受留学生单位数及中国政府奖学金生人数四项均创新中国成立以来新高。

来华留学生的数量规模以惊人的速度增长起来,而与之密切关联的传统的留学生事务管理工作方法与模式,渐渐滞后于管理工作的实际需要,面临着越来越严峻的挑战,并因此引发学界的密切关注与深入思考。尽管各高校在对来华留学生教育管理的方式方法上已经做出了不同程度的调整与创新,但是在实践中还没有完全摆脱特殊化管理模式的影响,适应多元化背景的跨文化管理模式尚未真正确立。对特殊化模式进行深入分析,是探索与确立新的管理模式的基础与前提。

2."特殊化"管理模式的现实体现

在我国来华留学生教育发展的初期,由于受到特定历史时期外交政策和外交关系的影响与经济发展水平的制约,来华留学生教育管理体制与计划经济体制相适应,呈现规模相对较小、留学生来源国相对单一、留学生活动范围有限、管理高度集中统一的特点。留学生事务管理从政策制定到事务实施都具有"特殊化"的倾向,形成单独管理的模式。与此相适应,留学生管理人员也为数不多,且多数是兼任,专业的来华留学生事务管理队伍尚未建立起来。

从统计数据来看,这一时期的来华留学生规模相对较小。从政策层面分析,主要是按照对等交流的原则,通过政府间协议接收奖学金留学生。重点面向友好国家,在经费负担方面援助色彩浓厚,如提供奖学金、免除学费、提供生活补助等。由于与我国建交的国家有限,政府提供奖学金的经济能力也有限,我国接收来华留学生的范围和数量受到限制。在管理上,这一时期的教育部对来华留学生教育工作实行集中统一管理。不仅决定来华留学生的名额,确定接收留学生的院校和对外开放的专业,安排每个留学生就读的院校,向接收留学生的院校拨付费用,而且直接管理来华留学生的学籍,来华留学生改变专业、延长学习时间、提前结业和中途回国以及留级、开除等须报教育部批准。一定意义上,这一时期各相关院校接收来华留学生的国别、规模、专业和层次是由教育部决定的。

（1）生活方面特殊照顾

新中国成立之初,我国主要对承认中国主权与建立外交关系的友好邦国进行留学生交流,对欠发达的亚非拉国家进行教育援助,条件十分优惠,不仅免收留学生的学费,还把他们安排在最好的大学学习,院方想方设法帮助他们学习,努力不使一个学生掉队。为了把数量并不很大的奖学金留学生安排到有关院校学习,政府要拨出一定的经费用于接收留学生院校的学生宿舍和食堂建设,由接收外国留学生的高校的校级领导负责,在学校条件有限的情况下依然专设与国内学生完全区别开的留学生公寓、留学生餐厅或是留学生专用厨房。

在住宿和生活上,当时一个奖学金学生一个月的伙食费相当于中国学生伙食标准的3～4倍;留学生的住宿条件也比中国学生优越得多,留学生一般两个人住一间,而中国学生6～8人合住一个房间很普遍。

根据当时我国的经济条件,对外国留学生的生活费用标准已经给予了很大照顾,规定留学生每月生活费为80元。在当时的价格标准下,这些费用只用于伙食等个人费用,应该不成问题。但是一些留学生仍然要求增加生活费。后来,国家又决定增加到每月100元。当时我国高等学校的大学生每月生活费也只有10元左右,而大学生毕业后的月工资也不过50元左右。

由于对留学生"外宾"身份的过分强调,高校对其生活上的特殊关照,特别是住宿和生活标准的巨大差异,使得留学生成为高校中的特殊群体,与中国学生完全隔离开来。有些高校的留学生产生了无视纪律的现象,甚至公然强调自己是"中国请来的客人",有着极强的"贵族化"优越感。出于"外事无小事"的考虑,在高校管理人员中产生了对留学生不敢管理的问题,导致管理混乱与资源浪费。

我国一向站在第三世界国家人民一边,支持他们的民族独立斗争,援助他们的经济发展,接收第三世界国家留学生是我国对发展中国家援助的一个组成部分。因此,我国与第三世界国家在政治上是友好国家,对来自这些国家的留学生也友好相待。特别是把他们安排在最好的大学学习,使他们学到一定的本领,好为他们自己的国家服务。

自20世纪70年代以来,高等学校接收自费留学生之后,由学校自筹资金解决接收来华留学生的必要条件。在这个意义上,是否具备宿舍与食堂等生活设施成为高等院校接收留学生的必要条件。为了自身的发展,利用"住宿""餐厅"等生活方面硬件设施的条件来吸引留学生,成为留学生"特殊化"管理模式形成的又一个诱因。

1982年4月,中共中央宣传部和团中央发布了《关于正确对待留学生、加强爱国主义和国际主义教育的通知》。通知强调,做好留学生特别是第三世界国家来华留学生工作,不仅涉及社会主义中国的形象和信誉,而且对正确体现我国对外方针政策,增进我国人民与第三世界国家人民的友谊和团结,促进反对霸权主义,维护世界和平事业,具有十分重要的意义。

留学生到中国来,不仅是要接受我国的教育,更要接触我国的政治经济体制与文化传统。因为,真正的全球化意识和跨文化交流能力只有通过与不同文化背景的人们进行真正的交流与交往才能够得到发展。但是,中国长期采取的单独管理方式,使得留学生到中国来似乎成了与世隔绝的"笼中鸟",当然,这并不是说学校限制了来华留学生的自由,而是无意中形成一种使留学生无法深入接触外界的现象。新中国成立以来,我国一直采用的都是有别于中国学生的办法给予来华留学生适当的照顾,多数学校出于方便管理的目的依然沿袭至当时,这种管理方法也没有改变。

为了照顾他们的饮食习惯,有的学校设置专门的留学生餐厅和留学生专用厨房;为了照顾他们的生活习惯,将他们的宿舍安排在专门的留学生公寓,实行"酒店式"管理,24小时保安,专人保洁,所有到留学生宿舍来的中国学生都要进行详细的信息登记,留学生公寓公共场合的监控摄像也是不间断工作;为了照顾他们的学习进程,开设专门的留学生汉语补习班,但是,很多学生却经常以各种理由旷课。留学生在专门的留学生公寓住宿,在留学生专用教室上课,在我们看来可以说是无微不至的关怀。可是留学生对这种"特殊照顾"似乎并不领情,他们认为这样的生活使他们与中国的大学生隔绝开来,导致生活交往圈子越来越小。

尽管有管理者对来华留学生的住宿问题做过解释:"留学生是远道而来的客人,中国人向来有好客的传统,作为客人,自然要住在条件要好得多的留学生公寓里。"可是,留学生的反应却让人无所适从:"我们得到的照顾很好,可是我们的住宿费用也很高啊! 为什么不能让我们和中国学生住一样的宿舍呢? 中国学生的宿舍费用很便宜啊! 不是每一个来华留学生都是有钱人,有时候我们负担不起这么昂贵的住宿费!"

这的确是一个让留学生事务管理者进退两难的问题,不过,也并非无解决之道。校方可以在条件允许、不影响中国学生学习生活的前提下,让来华留学生自己选择宿舍,以消除其对学校安排的不满情绪。

(2)*学习方面单独教学的特殊管理*

留学生来自世界各国,他们的学习目的和文化水平不同,生活方式、风俗习惯也有很大差别。在中外文化、政治经济体制、宗教信仰等诸多差异中,语言差异最为直接和明显,给留学生的教学工作带来一系列困难。

20世纪50年代末期到60年代初期,非洲国家来华留学生逐步增加使得来华留学生的教育管理工作更加复杂,一些人对学习没有兴趣,无故旷课的学生比例占三分之二以上,个别人根本就不来上课,拒绝参加考试以及不尊重教师的现象屡屡发生,甚至发生过留学生不能适应在华学习生活而中途退学的现象。

1962年,有83名来自非洲国家的留学生要求退学回国,占1959—1962年非洲国家留学生总数的57%。教育部部长杨秀峰亲自与要求退学回国的留学生谈话,但留学生仍然坚持退学回国。他们不愿在中国继续学习的理由有:学习太紧张,学生自己掌握的时间很少;老师进课堂,学生要起立;中国学校没有学位;来华前被告知所有课程用英文学习,来华后却要学习汉语等。

这些非洲留学生退学的实质问题是汉语水平差,学习跟不上。统计资料表明,1961年和1962年接收的索马里43名留学生中,只有6名留学生具有高中文化程度,其余均只有初中甚至小学文化程度,因此,许多人来华后不可能适应大学紧张的专业学习生活。即使是具有高中文化水平的非洲国家留学生,也有很多人在学习上面临很大困难。为此,学校不得不安排教师专门给留学生补课,或者把讲过的专业课再讲一遍。针对上述情况,1963年,教育部发布了《关于接收外国留学生入中国高等学校学习的规定》,要求驻外使馆将规定的内容向欲来华学习的人说明。这些内容包括:中国经济还比较落后,人民生活水平还较低,为保证留学生的学习和健康,我国对外国留学生有一定照顾,但仍比较艰苦,因此,到中国要准备过艰苦生活;中国学校对学生的培养是认真的,因而对学生要求严格,学习生活紧张,学生必须遵守学校的规章制度;中国人民的社交是自由而严肃的,留学生必须尊重中国的风俗习惯;中国对留学生的一切正当权益都给予法律保障,留学生也应当遵守我国的政策法令和条例,不得违反。如果欲来华学习的人听了上述介绍对来华留学表示犹豫,应劝说他们不要来华学习。1963年召开的教育部第一次全国来华留学生工作会议上,蒋南翔部长指出,我们必须看到留学生工作的复杂性。留学生来自世界各国,他们的学习目的和文化水平不同,他们的生活方式、风俗习惯、宗教信仰也有很大差别。这给我们的管理工作带来一系列难题和困难。

来华留学生工作要以教学为中心,对留学生的专业学习,要从留学生的实际出发加以安排。他在报告中提出三种方式:对程度较好的学生,基本上按照中国学生的教学计划进行,与中国学生的要求大体一致;对程度较差、难以按统一教学计划进行教学的学生,酌情减免一些次要课程,精简一些内容;对个别基础太差的学生,做特殊安排,例如用专修的方式重点学习一部分课程。以上三种方式中,第一和第二种方式是基本的,第三种是个别的,并要力求减少。所以,对留学生的教学,在与中国学生趋同的同时,接收留学生院校还安排教师对留学生进行个别辅导。事实表明,对留学生学习上的个别辅导直至今日,也仍然是留学生教学过程中不可缺少的一部分。

在针对留学生进行的教学工作中,尽管当时的教育部门统一要求采取上述三种方式,然而在各高校的实践中,由于校情与留学生自身的差异性,学校既要确保完成留学生培养的"政治任务",又要想方设法保证教学质量符合基本要求,于是,在很长一段时间内普遍形成留学生单独教学的特殊化教学管理模式:留学生有自己专门的教学区域和专用教室、学校专门指派教师为留学生上课、"开小灶",甚至课余生活都安排特定的中国教师或学生对他们进行一对一的引导。

1973年,我国恢复接收外国留学生后,国务院于1974年11月批准国务院科教组、外交部联合制定的《关于外国留学生教学和管理工作的暂行规定》,对来华本科留学生的教学规定是:"凡是能统一计划的,均与中国学生合班上课;不能统一计划的,则可单独安排。"这一规定的出台,一定意义上是把留学生单独教学上升到了政策层面,客观影响是"单独教学"的合法化。单独教学在短时期内可以收到显著成效,但从长远看,一定程度上造成了中外学生的隔离状态,抑制了留学生积极主动与中国学生交流、感受并融入中国文化的积极性,从而导致留学生把自己禁锢在特定的小圈子里,语言、社会交际能力得不到锻炼和提高,这恰恰与留学生教育的初衷相背离并且深刻地影响着我国的高校来华留学生教育管理。

这种特定历史条件下的特殊办法,在短时期内颇具收效的同时为特殊化教育管理模式的形成埋下了伏笔。

随着我国社会主义市场经济体制的确立,来华留学生大量增加,过去的培养方法,特别是大量的额外补课就行不通了,因此,提高学生的汉语能力成为提高来华留学生培养质量的关键因素。

1985年发布的《关于教育体制改革的决定》中明确规定,高等学校"有权利用自筹资金,开展国际的教育和学术交流"。接收外国留学生作为学校国际交流的一部分,在当时,需要经过教育部审批。因此,一些高校要求简化审批手续,开放高等院校对外接收留学生。1989年,国家教委(教育部)发布了《关于招收自费留学生的有关规定》。这一规定中,把自费生定义为:外国留学生在华费用,包括学费、住宿费、伙食费、医疗费、教材费及教学计划之外的实验、实习、专业参观等费用均由留学生本人负担者,称为自费生(含短期来华留学人员)。规定第二条:"普通高校要求接收自费留学生,必须具备接收外国留学生的教学、生活、管理等条件,要有管理外国留学生的机构,并经省、自治区、直辖市一级教育主管部门批准。"还提出:"自费留学生要求来华学习,其本人直接向招生院校提出申请,招生院校根据有关规定决定录取事宜。"开放高等院校接收自费留学生,大大促进了我国来华留学生教育的发展。

20世纪80年代后期,教育主管部门废除了对留学生"特殊对待"的管理规定,强调对来华留学生与中国学生同等对待。例如,留学生有几门功课在经过认真帮助和补考后仍不能通过时,要像对待中国学生一样作开除学籍处理。20世纪90年代以后,在我国高等学校的来自非洲国家的留学生比1980年增加了一倍多,但严重的留学生与校方发生矛盾的事件基本上没有再发生。因此,还只能说当时基本建立起了开放式的来华留学生教育发展体制。

从政策变化来看,教育管理部门也逐步认识到问题所在,分别于1963年8月、1979年1月、1984年12月召开的三次全国外国留学生工作会议和一系列政策文件的颁布,恰恰印证了教育管理部门对特殊化管理模式的认识及改变对策。在1962年8月,指导来华留学生教育的规范性文件《外国留学生工作试行条例(草案)》颁布,并召开了第一次全国来华留学生工作会议;1979年1月召开了第二次全国来华留学生工作会议;1979年5月颁发了《外国留学生工作试行条例(修订稿)》,正式提出开始接受来华自费留学生,同时规范了来华留学生的入学标准、接受类别和学制;1984年12月召开了第三次全国来华留学生工作会议;1985年11月经国务院批准下发了《外国留学生管理办法》,规定了教育部、外交部、公安部等有关部门在来华留学生教育管理工作中的责任,明确指出了:外国留学生来我国的目的是学习,他们在学校中的身份首先是学生,其次才是外国人,要遵守学校对学生制定的纪律和规定,同时进一步放宽了高等院校对留学生的教学权、管理权和招生权。在整个20世纪80年代,高校没有成为真正的留学生教育主体,政府依然控制着留学生的招生、教学、管理等诸多方面。20世纪90年代之前,以政府为主体的来华留学生接收体制对来华留学生教育管得太多、管得太死,使得来华留学生增长速度比较缓慢,规模不大,而且管理方式与管理质量上也存在着一定的问题,管理模式的"特殊化"特征显著。到1989年年底,高校完全获得外国留学生教育管理的自主权,成为世界留学生市场中自主参与、平等竞争的主体,这标志着以政府为接受留学生主体的时代已经结束。

四、特殊化管理模式形成原因分析

来华留学生的教育管理伴随着国家政治、经济、文化等各方面的发展而变化。在留学生教育发展的初期阶段,"特殊化"的显著特征恰是当时中国所处的国际、国内社会环境在留学生教育管理领域的真实映照,其深层次原因是多方面的。

1.特定历史时期国内外政治经济环境的影响

从新中国成立初期第一批33名来华留学生发展到2016年44万来华留学生，从1950年的捷克斯洛伐克、波兰、罗马尼亚、匈牙利和保加利亚5个来华留学生来源国家发展到2016年的205个国家和地区，我国的来华留学生教育管理活动自身的发展带有一定的阶段性特征：20世纪50年代主要与苏联和其他社会主义国家进行留学生交流；60年代转向同亚非拉等第三世界国家进行留学生交流；70年代开始扩大同欧美等发达资本主义国家教育交流；80年代末期才逐步实现全方位的对外教育文化交流。这种变化正是契合了我国相应阶段的外交政策的演变过程。

不难看出，国际经济、政治、文化交流等状况都直接或间接地影响着来华留学生政策与实践的发展。在诸多的影响因素中，国内政局、外交关系和留学生教育政策等政治因素、经济与科技因素以及高等教育发展水平成为来华留学生教育管理的关键性因素。当国内政局稳定、外交关系和睦、有比较开放的留学政策时，留学生教育管理就会快速发展，反之则会受到阻碍。

我国来华留学生教育事业发展的初期，从政策角度来看，体现了"援助"性特征和履行"国际主义义务"的思想。由于当时我国接收的留学生多数是由对方政府派遣，受到学生来源国条件的影响，我国自主挑选留学生的权利受到限制，学生质量得不到很好的保障。相应的留学生事务管理模式也处于最初的摸索阶段，难免出现各种困难与问题。很多现在看来可能不可取的做法，受当时管理理念和国内国际实际情况所限，在当时却是行之有效的。对留学生加以"适当照顾"的政策要求在实践中逐步演变为"特殊照顾"的做法就是这一时代的产物。

2.对留学生身份定位不明确

新中国成立后开展的来华留学教育，我们视为"国际主义义务"，一直到20世纪80年代中期以前，还没有对来华留学生身份进行过明确的定位，这在无形中影响着来华留学生教育管理工作的顺利进行。

留学生在华学习期间，首先是学生，其次才应该是外国人。作为一个独立的个体，留学生的学习问题或者违反校规校纪问题的处理，原则上是不应该牵涉国家关系的。然而这种观念的确立，却是20世纪80年代中期以后的事情。而在此前，中国整个社会的政治经济发展水平与开放程度都十分有限，除去各国驻华的外交人员,长期在华生活学习的外国人为数不多,加之当时的留学生主要是根据政府间的交流协定而互派的政府奖学金学生,在实际工作中,来华留学生一直被格外优待。对留学生的教育管理代表了国家的政治形象,基于当时教育为政治服务的出发点,在处理涉及留学生的问题时,特别是涉及非洲留学生问题时,考虑到政治、外交因素,出于对第三世界国家的照顾,未按照处理学生问题的基本方法来进行,在留学生教育管理领域进一步深化了"特殊照顾"的教育管理模式。这些都成为我国来华留学生事务管理科学化发展过程中不容忽视的制约因素。

改革开放以后,发展来华留学生教育除了是履行国际主义义务的需要,也是适应国际教育交流的要求。在这个意义上,能否对留学生的身份进行准确定位直接影响到留学生教育管理的全过程。

3.制度建设相对滞后

新中国成立以来我国教育行政主管部门颁布的关于来华留学生教育管理的相关制度,无论是从内容上还是数量上,都体现出特定历史时期我国留学生教育管理制度建设方面存在的问题与不足,这是导致各高校来华留学生事务特殊化管理模式形成的制度因素。

50年代的来华留学生主要以苏联和东欧社会主义国家、周边人民民主国家、其他亚非拉民族独立国家以及少数西方发达国家派遣的政府留学生为主,因此,当时的留学生政策多是针对特定国家的留学生群体的特定问题而签署的协定、议定书等。例如,1950年8月,中国外交部发给罗马尼亚驻华使馆的《关于交换留学生备忘录》(与其他四个东欧国家交换留学生的办法与罗马尼亚相同);1953年11月23日签署的《中华人民共和国中央人民政府和朝鲜民主主义人民共和国政府关于朝鲜学生在中国高等学校及中等技术学校学习的协定》;1955年签订的《中华人民共和国政府和越南民主共和国政府关于双方互派留学生暂行办法》;1954年高教部拟发《各人民民主国家来华留学生暂行管理办法(草案)》等。在1962年第一个来华留学生的法规性文件《外国留学生工作试行条例(草案)》颁布之前,留学生教育管理的制度建设还是零散的、个别的,尚未形成针对全体留学生事务的较为系统成熟的规范化综合文件。

通过对新中国成立以来我国相继出台的留学生教育管理相关法律与制度的梳理,不难发现,高校来华留学生事务管理领域的文件,多数是微观层面的关于某一方面问题的具体规定。当前高校在留学生事务管理中普遍适用的《外国留学生管理办法》的发布时间是1985年,其中部分规定在新的时代背景和管理实践中已经出现了一定的滞后与脱节,需要补充新的理念和内容。全面的方针性政策《留学中国计划》直到2010年9月才正式出台,并以此为契机,开始进入高校来华留学生事务管理有统一依据的阶段。

4.高等学校缺乏来华留学生教育管理自主权

《外国留学生工作试行条例(试行)》规定:"学校应该根据考勤、考级制度对留学生进行考核,凡留级、开除学籍者,必须报教育部批准。留学生改变专业、延长学习时间、提前结束学业和中途回国等,由学校报教育部批准。"这一规定一直沿用至20世纪70年代末期。

在我国高等学校的学籍管理规定中规定了学生学习成绩不及格要给予"留级和开除学籍"等具体处理办法,这些权力属于学校。然而,在1964—1979年的外国留学生工作相关条例中规定:"对违反校纪者,要给予适当的批评教育,情节恶劣屡教不改者应受不同的校纪处分,直至开除。开除留学生需报教育部商外交部批准。"而教育部在进行开除留学生的审理时,留学生所属国的驻华使馆人员往往会出来说情,要求给留学生一次改正错误的机会。在上述规定存在期间,几乎没有因为学习成绩或严重违纪问题开除过留学生的情况。所以,学校对无理闹事的留学生能做的就是一般的教育,即使给予警告一类的处分,留学生也根本不在意。甚至有的留学生竟称他们是中国教育部请来的客人,学校无权管他们。

把对留学生学籍管理中属于学校的权力划归教育部,要求对留学生留级和开除学籍,必须报教育部批准的规定,事实上是把留学生的学习或违纪问题无意中上升到我国与留学生来源国的国家关系上来。实践发展表明,这种规定不利于学校对留学生的管理。1989年底,高校完全获得外国留学生教育管理的自主权。20世纪90年代以来,来自非洲的留学生成倍增加,高校也没有再发生严重的留学生闹事事件。学校具有留学生管理的完全自主权是重要原因之一。

第二节 高校来华留学生事务
跨文化管理的基本原则与发展策略

来华留学生事务跨文化管理是一个全面动态的过程,具有多元性、综合性与动态性特征。明确的基本原则和发展策略、先进可行的管理理念、严格的管理体制、科学的运行机制、合理的制度和有力的政策支持、高素质的人才队伍是确保管理目标实现的基本要素和保障基础。鉴于来华留学生事务跨文化管理是一个开放的系统,在管理的自我发展过程中,在不同形态、不同时态、不同族态的文化或文化要素相互冲突与碰撞的过程中,要不断吸收各种新的文化要素,不断进行自我更新、自我完善,以适应不断变化的新形势。

高校来华留学生事务跨文化管理的系统设计是本研究的核心内容。通过借鉴管理学、组织系统相关原理,分别对高校来华留学生事务跨文化管理应该遵循的基本原则、管理理念、管理体制、运行机制以及制度和保障系统进行学理上的设计和分析,为高校来华留学生事务跨文化管理的具体实现提供理论支撑。

留学生事务管理的宗旨是服务人、发展人,"强调一种朝向学生的、水平的管理风格,而不是朝向任务与功能的管理"。在管理中要看到人的差异性、尊重学生的个性差异,与时俱进地反映学生的需要。学生事务管理"服务人、发展人"的宗旨要求管理者必须改变传统的、强调权威的学生对教师的无条件服从的理念,要着眼于留学生文化背景的差异性特点,进行跨文化管理。

在来华留学生事务管理过程中,由于管理对象来源广泛,意识形态各有差异,历史背景与传统文化千差万别,意识形态的不同引发思想观念的冲突,历史背景的差异导致文化传统的冲突,这些因素直接致使管理实践不能整齐划一。当然,这里的整齐划一不是"一把抓"和"一刀切",而是在遵循特定原则与规律基础上的一致性管理。

一、高校来华留学生事务跨文化管理的基本原则

来华留学生事务管理者在对留学生进行管理的过程中,不能因为急于求成而采取刻板、生硬的管理方式,这样不仅无法实现预期管理目标,反而会适得其反。

跨文化管理要本着跨文化的态度,坚持平等、尊重、宽容、客观、谨慎、普遍、双向、融合、独立的基本原则,消解固步自封、妄自尊大、歧视、偏见、狭隘等消极因素。

（1）平等的原则

跨文化管理是双向互动的过程。有目标性的号召和有针对性的回应,才是完整有效的管理。前提是在认同双方文化、人格平等的基础上,遵循平等的原则。一旦缺乏平等,就会滋生各种各样的文化沙文主义,必然形成文化冲突,造成不必要的麻烦。只有在保证对方不失去本民族特性的情况下,进行平等对话与沟通,才能够保证管理过程各环节的波动与变化始终在管理者的可控领域之内。

（2）尊重的原则

对其他文化的尊重是联合国教科文组织长期倡导的跨文化态度,因为这是和谐的跨文化管理的基础。尊重并不意味着一味地放弃与无原则的妥协。文化尊重的主要表现形式是对本民族传统文化之外的异域文化的充分关注,特别是对民族情结和民族意识的尊重。这就要求留学生事务管理者要摒弃"文化中心主义"与"文化优越感",认识并承认文化多样性的存在,对异域文化尊重,同时尊重自己的文化。

（3）宽容的原则

宽容的本质是对于不同于本民族文化以及所认同的异质文化的公正的容许,特别是对与本民族文化截然相反的异质文化形态的公正的许可,以及对这种对立性、否定性的接受。在跨文化管理中,管理者要提倡双向、多向及互动的宽容,即管理者与留学生在尊重本民族文化的基础上,克服彼此的文化偏见,消除各种形态的文化冲突,互相包容,宽大为怀,求同存异,和谐共生。

（4）客观的原则

客观对于实现跨文化管理中准确的认知和理性的选择是非常重要的。客观就是在跨文化管理中能够摒弃从自身的主观愿望出发,而是从异质文化的观点,从第三方以及全人类的视角,分析跨文化管理的实践,总结跨文化管理的经验教训,把握跨文化管理的方向。

客观的原则也要求在管理过程中不歧视、不偏见,不仅仅从自己的本位立场出发认知、反思和处理与异质文化的差异。简而言之,客观的原则要求跨文化管理的主客体在管理实施过程中采用换位思考的方法,克服本位主义的僵化思维。

（5）谨慎的原则

由于管理者自身知识结构和管理经验的有限性，对异质文化的认知必然存在一定的差异与局限，想当然的态度往往会造成对异质文化的不尊重，严重的还会导致文化冲突。在跨文化管理中必须认真、细致、周全而不是简单、贸然地处理各种问题。谨慎是以充分认知、深入思考为基础的，谨慎不是封闭与固步自封，而是对跨文化管理过程中可能出现的各种问题的必要预见与权衡。

（6）普遍性原则

跨文化管理不是在管理过程中把某一国家、某种文化泛世界化。而是要求通过留学生教育国际化传播的信息和文化，体现全人类的共同的文化特征和具备普遍性的文化特质和原则。比如，"以人为本"和"公允平等"。

（7）双向原则

在跨文化管理中，应该努力保持双方交流的对等与平衡。不同的国家、民族各有其特点，这些特点大多是唯一的、不可比的，应该加以保护。发达国家不应该因其发展程度高而对发展中国家进行文化交流方面的强制性灌输；发展中国家也不应该因其独特的历史文化而拒绝文化交流。因此，在人员、信息、教学与管理思想和内容的沟通与交流中，应该保持对等。

（8）融合原则

在进行跨文化管理的沟通过程中，应首先考虑我国的文化特点，制定出符合我国文化特点的教材、方案，不应该全盘照抄照搬发达国家的经验。要使留学生成为既熟悉原有文化，又了解我国文化，具有较强文化融合能力的人才，而不是外国文化与我国文化的简单复加品。

（9）独立原则

任何一种文化，都必须扎根于本民族的土壤，也无法与历史传统相隔绝。我国的来华留学生事务管理，应该以本土化为基础，以国际化为目标，既参与国际化发展进程又坚持我国的民族文化特色，防止出现错误文化演化倾向，应该按照自身的特点积极主动地组织好跨文化的交流与沟通，并在管理过程中注意向留学生正面宣传中国文化。

二、高校来华留学生事务跨文化管理的发展策略

新的时代背景下，我国高校来华留学生教育事业也要与时俱进，按照《国家中

长期教育改革和发展规划纲要(2010—2020年)》的既定来华留学生发展战略,改革创新,以学校实施"国际化工程"为契机,打造我国高校来华留学生跨文化管理的核心竞争力,在保证规模、调整结构、提高质量的同时,实现我国高校来华留学生教育的全面、协调和可持续发展。

我国高校应该站在国际化、服务国家战略的高度发展来华留学生事业,形成立足本土国际化的发展思路;处理好规模、层次、质量、管理与效益的辩证关系,全面提升办学的品牌影响力;以市场化、服务化的意识发展来华留学生教育事业,在世界范围内培养并发掘亲华、爱华的人力资源。推进教育外事工作管理体制和机制的改革与创新,不断构建和完善留学生教育质量监控和评估体系,不断提高留学生教育质量,努力建设一支懂业务、责任心强的高素质来华留学生教育管理服务队伍,保证留学生教育工作的规范有序。同时,硬件和软件建设并举,在不断改善学校的生活设施、娱乐设施、通信设施等硬件条件的同时,对服务人员加强培训,提高其服务质量。在注重文化包容性的前提下,有目的、有计划、有组织地开展相关社会活动,健全留学生附加服务体系,进一步拓宽留学生人际交往范围,搭建中外学生跨文化交流平台,增进相互的沟通与理解。

在高校来华留学生事务跨文化管理的实践中,可以借鉴跨国企业的相关管理策略,形成具备中国特色的留学生事务管理策略。

(1)视野国际化,行动本土化策略

即根据"视野国际化和行动当地化"原则来进行跨文化的管理。全球化的经营企业在国外需要雇用相当一部分当地员工,因为当地员工熟悉当地的风俗习惯、市场动态及其政府的各项法规,并且与当地的消费者容易达成共识。雇用当地员工不仅可以节省部分开支,更有利于其在当地拓展市场、站稳脚跟。而在留学生事务管理领域,高等学校是在自己的本土境内,对带有异质文化特征的世界各地的留学生进行管理与服务,其行动自身已经具备本土化特征,需要关注的是逐步形成国际化的视野,从而引导跨文化的管理过程。

(2)文化相容策略

文化的平行相容,是文化相容的最高形式,习惯上称之为"文化互补"。留学生来到中国之后,母国文化和东道国文化之间虽然存在着巨大的差异,但这并不意味着两种文化相互排斥,而应该互为补充,同时运行于留学生学习、生活中。留学生事务管理者客观公正地对待具有不同文化背景的留学生,既不崇洋媚外,也不夸大自身文化优越性,以一视同仁的态度充分发挥跨文化的优势。

（3）文化规避,求同存异策略

在有关留学生事务的管理实践中,管理者应该有意识地模糊文化差异,隐去二者文化中最容易导致冲突的主体文化,注意在双方文化的重大不同之处进行规避,避免在这些"敏感地带"造成彼此文化的冲突,同时保存二者文化中较为平和与大致相似之处,从而使得不同文化背景的人能够在同一团体中和睦共处,即使发生意见分歧,也容易通过双方的努力得到妥协和协调。

对来华留学生的跨文化管理,客观上是一个不同意识形态下、不同文化传统相互碰撞、相互交融、和谐共生的过程。高校留学生事务管理部门在进行跨文化管理时,应在充分了解本国文化和国外文化的基础上,选择适合的管理模式,使不同的文化得以最佳结合,从而形成促进学生全面发展的有益推动力量。

第三节 高校来华留学生事务
跨文化管理的理念和组织系统

一、高校来华留学生事务跨文化管理的理念系统

作为观念形态的管理理念决定着组织的生存与发展方向。恩格斯曾经说过:"一个民族要想登上科学的高峰,究竟是不能离开理论思维的。"高校来华留学生事务要实现科学有效的跨文化管理,同样离不开理论思维的引导。

1."以人为本"贯穿管理过程

受传统理性主义思维方式的影响,长期以来,我们的来华留学生事务管理秉承的是一种"以定额定量为目标,注重效率"的工具理性主义的管理理念。在这种理念之下,留学生事务管理者以服务学校为导向,以完成政治任务为目标,强调权威,强调学生对管理者的绝对服从和对学校的无条件服从。这种理念受到后现代主义的强烈批判和质疑。后现代主义认为,大学教育的真谛在于弘扬学生的个性,培养具有创造性的生命个体,而不是在强制、监督、惩戒中丧失个性的毫无生气的木偶。因此,以人为本应该是留学生事务管理的基本价值取向。这种以人为本的管理理念的要旨在于"服务学生、发展学生"。这就要求我们从留

学生的实际需要出发,改变传统管理中学校、管理者与留学生之间处于管理与被管理的对立格局,强调"一种朝向人的、水平的管理风格而不是朝向任务和功能的管理"。

"以人为本"的管理理念有着极其丰富的内涵,包括尊重(Respect)、服务(Service)、规则(Regulation)、平等(Equal)、自助(Self-Service)、信用(Trust)等要素。它要求留学生事务管理者在实践中时刻关注留学生利益诉求,发挥留学生的主体地位。

留学生在中国学习期间,不管其国籍如何、背景怎样,首先要明确其"学生"身份,其次才是"外国人"。这样,一方面将留学生按照在校学生的标准严格管理,另一方面要根据不同的文化背景推行人性化的跨文化管理。这种以人为本的管理可以使留学生有更多的机会接触中国学生和中国社会,可以帮助留学生更深刻、更全面地认识中国。

高校在管理上要注重留学生的需求,在服务中体现以留学生需要为导向,不仅要通过学校资源,而且要通过社会资源满足留学生的服务需求,使留学生服务成为社会上最具活力的市场领域之一。留学生不仅是高校的大学生,更是世界范围内的人才资源,他们的成长成才与社会各方面的支持都密切关联,要充分利用和整合社会资源为留学生提供公共服务。此外,还要发挥留学生的自我管理作用,借助留学生会、留学生社团等组成留学生管理协作小组,倾听反馈意见,加强宣传调研,并赋予留学生在管理中的发言权、建议权和知情权,学校制定的有关留学生管理的制度都应听取留学生代表的讨论意见,做到公正、公开和民主。增加留学生参加学校事务讨论的机会,鼓励留学生提出合理化建议,把学校教育理念和目标融入日常的服务中去,使留学生参与管理真正落到实处而不仅仅是流于开几次座谈会的形式。

2.重文化差异,倡导平等包容、自治互助

留学生来自世界各地,有着千差万别的社会文化背景,每个人的兴趣爱好、智力水平、发展需求各有不同。后现代主义强调多样化、分权化,这就启示我们在认识层面改变"以我为中心"的管理理念,尊重文化的多样性、包容性;要充分认识到每一种文化关于价值判断的标准在其母文化体系的范围内都有其存在的合理性,只有尊重对方文化才能建立沟通的桥梁,才能对对方的民族特性、价值取向、社会

习俗、行为方式有进一步的了解,才能从真正意义上尊重对方,在公允、平等的环境中因材施教。

存在主义的学生事务管理价值观重视学生个人的存在,强调学生学习和发展,并认为学习和发展是可以分割的,学生对自身的发展负有责任。管理者的任务是帮助学生进行学习,他们既是学校教育的主要组织者之一,也是教育者,是培养人才的主角。

后现代主义的学生事务管理价值观重视学生个体差异,尊重人的价值,珍爱人的生命,关怀人的生活,强调学生发展的完整性,认为学习与发展不可分割,不能对教育管理进行简单化、机械化处理,而要容纳多样性规则、标准和方案,倡导多样化管理,培养完整的人。在这样的价值观念引导下的学生事务管理者,是"平等对话中的首席",是学生发展的伙伴,利用各种资源、创设各种环境,帮助学生成为"完整的人"。

文化作为一系列观念、习俗、规范和准则的总和,有其自身的特性和运行规律。文化的差异性是客观的、显性的,这种差异是多种多样的:首先是会带来交流障碍的语言差异,其次是价值观念、宗教信仰、社会习俗差异,以及政治经济制度、阶级关系的差异。在工作过程中,我们应该形成尊重差异的工作态度,采取求同存异的方式方法,克服狭隘的"民族中心主义"的思想和"文化优越感"。

我国的高等教育是以公办为主体的,教育取向上强调社会价值,学校按照国家的要求目标来培养学生,对学生的管理往往制定严格的制度。在国外,特别是英、美和欧洲大陆高校,他们的教育注重体现个人价值,认为学生在行为上有自己的自由,对道德标准、是非好坏有自己判断、选择的权利。他们对学生的管理,主要强调学术上的严肃认真,生活上的灵活开放,主要是创造一种环境,引导学生的正当动机,并提倡学生在这种环境的熏陶下,通过自身不断地切身体验与训练而养成良好的道德习惯。来华留学生群体带来的影响,促使我们不得不对现行的教育理念与教育模式进行深刻的反思与调整,以适应多元文化背景下的来华留学生教育与管理。

专业的留学生事务管理者的职责产生于一定的教育环境下,这种环境既赋予管理者行为权力,同时决定了其行为界限。在制定或执行学校政策的过程中,他们必须充分了解与高等教育相关的法律法规。同时,为开展有效的教育、引导和管理工作,管理者必须富有正义感,明辨是非。当然,专业实践活动在受限于这些约束的同时享有其赋予的权力。负责学生伦理道德教育工作的管理者若能深谙工作中的法律法规以及各种先例,就能采取有效措施,以身作则影响他人。法律对从业者的管理方式具有一定的约束作用,同时它也提醒管理者要尊重个人,增强公平办事的意识。

在留学生事务管理领域的探索与实践中不断强化跨文化的管理理念,树立"管理即服务"的思想。事实上,柔性管理并不排斥制度管理的刚性,"过刚易折,过柔易曲",实现管理过程的刚柔并济才是留学生事务管理的应有之义。

3.来华留学生事务管理的跨文化定位

精确合理的定位是组织有效运行的基础和前提。在高校来华留学生教育管理工作中,管理部门和管理者只有站在一定的战略高度,对自身角色、价值、职责、工作方法在多元文化背景下进行全面衡量与评估,做出精准定位,才能做出正确的决策,确定留学生事务管理活动的计划与目标,设置科学的管理机构,合理分配权力职能,对管理过程及效果进行及时调整和评估,从而确保留学生事务跨文化管理工作的有序进行。

（1）角色定位

在跨文化管理模式下,留学生事务管理者的权威不是来自组织授予的权势和地位,而是来自为留学生所认同的管理者的人格特质与人格魅力,凭借管理者为留学生群体发展提供的各种支持路径与环境,从而有效地促使组织成员自我管理的实现。

因此,留学生事务管理者要努力提高自己在管理中的理论研究能力、实践创新能力、文化管理能力和终身学习能力。改变传统的思维模式和心智模式,密切关注社会变化,积极把握留学生特点,深入研究学生需求,主动构建平等交互的沟通环境和渠道。解决好"观念错位"与"本领恐慌"的问题,在管理中成为留学生发展的引领者和激励者,在组织内部成为团队构建的发动者和协调者,最终成为不同文化的推进者和导向者。

（2）职责定位

在跨文化管理系统中,由于作为管理对象的留学生群体是一个具有高成就需求、更多地渴望个性发展和自我提升,以及具有差异化精神需求的群体,因此,留学生事务管理者的职责中最重要的两点是:发现和关注留学生的需求;激励和推动留学生发展。关注个体需求是为了激励个体动机,激励个体则是为了促进学生发展,更是为了实现教育目标。在现实工作中,不仅要关注工作过程,更要讲求工作的实效和结果,要以"是否真实地有助于学生发展"作为所有学生事务管理者工作考核与评价的标准。

（3）价值定位

无论是基于高等教育的使命,还是基于学生成长的规律,对于学生个体的激励、学生团体的推动、组织文化的提升、主流信仰的引导,留学生事务管理者仍有巨大的工作提升空间和价值实现空间。仅靠留学生的自觉行动而放弃引导和管理,是教育者的渎职;忽视学生的自主性而盲目引导和管理,也是教育者的落伍。出色的留学生事务管理者在作为管理主体引导学生时,更多地体现在:与学生为友,与他们共同成长。

（4）方法定位

在跨文化管理系统中,仅有道德示范和人格教化的"引",缺少管理模式设计和实施路径支持的"导",管理就是低能和低效的;而没有道德示范和人格教化的"引",仅靠管理模式设计和实施路径支持的"导",管理则是荒谬与不可靠的。这就要求留学生事务管理者在不断提升与完善自身综合素质、发扬以往好的经验与传统的前提下,以"爱心、热心、耐心、细心、恒心"这"五心"去面对学生,定位工作。要突破既有的思维障碍和认知盲点,积极借鉴相关学科的最新理论研究成果,把握变革趋势,勇于大胆创新,用新的方法、新的举措实现与学生的深层互动。不仅要将所从事的管理工作视为一种职业,更要将它看作一项崇高的事业。

高等学校应该在国家教育主管部门整体战略决策的指导下,结合实际,因地制宜地做好学校范围内留学生事务管理的跨文化决策:确定留学生事务管理的计划与目标,设置科学的管理机构,合理分配权力职能,对管理过程及效果进行及时调整和评估。

二、高校来华留学生事务跨文化管理的组织系统

管理活动的正常开展需要有完善的组织作为载体。采用怎样的组织形式以及如何将这些组织形式结合成为一个合理的有机系统,并以怎样的手段、方法来实现管理的任务和目的,是管理体制要解决的基本问题。具体而言:管理体制规定了组织系统的管理范围、权限职责、利益及其相互关系,它的核心是管理机构的设置、各

管理机构职权的分配以及各机构间的相互协调。管理体制的强弱直接影响着管理的效率和效能。

组织的运行机制在组织有规律的运动中,影响这种运动的各因素的结构、功能及其相互关系,以及这些因素产生影响、发挥作用的过程和作用原理及其运行方式。运行机制是引导和制约决策,也是与人、财、物相关的各项活动的基本准则及相应制度,是决定行为的内外因素及相互关系的总称。各种因素相互联系、相互作用,要保证留学生事务管理工作的目标和任务真正实现,必须建立一套协调、灵活、高效的运行机制。

作为组织有效运行的基本保障,制定严明的管理制度,构建分层管理的契约化模式,培养科学专业的管理队伍是高校来华留学生事务跨文化管理组织系统设计的重要内容。

1.来华留学生管理体制与运行机制

高校来华留学生事务管理系统中,科学的机构设置与良好的运行机制是保证管理活动正常有序进行的先决条件。只有设置科学化的分层管理平台,明确界定留学生事务跨文化管理机构的组织职能与权限,实现组织结构扁平化,才能在实践中形成弹性权变的管理运行机制,保证留学生事务跨文化管理活动的有效开展。

在明确机构职能的前提下赋予一线来华留学生事务管理者以适当的自主裁决权,形成弹性权变的机制,在此基础上积极寻求有利的外部政策支持。

明晰管理系统的组织职能,实现组织权限的合理划分——明确区分上传下达的"行政事务"、与学习和日常生活密切相关的"服务、管理事项",将来华留学生事务中的行政事务部分与服务性内容彻底分离,形成来华留学生管理部门"服务为主,兼顾管理"的职能。

实现管理过程的契约引领,有限管理,有限责任,适当调整管理内容,根据管理内容不同的专业特征将对应的管理内容交由相关的专业部门,部门之间各司其职,齐抓共管。

长期以来,以行政约束为主导的运行机制,使大学隶属于行政机构或演变为行政组织。虽然近些年有些调整,但从根本上来说,仍然体现着科层制的内在精神。在传统的组织结构中,组织成员仅与其直接上级发生联系,其行为完全服从于上级的命令,组织更关注效率,控制程度高,造成决策的制定和执行两个程序严重脱节。传统的高校学生事务管理中,管理者大多对作为被管理者的学生强调检查和控制。在高等教育转型过程中,在学生利益群体多元化情况下,我国高校的科层管理体制已不能完全适应现代高校的发展,很大程度上抑制了学生主体作用的发挥。因此,高校学生教育管理体制中的层级化、非人格化的结构管理必须迅速调整和变革,弱化其刚性、增强其弹性,以充分体现组织对环境的适应性和应变能力。

来华留学生事务管理扁平化组织模式就是使事务管理专业人员打破现有的部门界限,绕过原来的中间管理层次,直接面对学生和对学校总体目标负责,从而以群体和协作的优势赢得市场主导地位。扁平化是指减少学生工作组织的中间层次,压缩行政人员规模,增大管理幅度,促进信息的有效传递与沟通。目前,大部分高校采用的是直线层级结构和横向职能型结构相结合的管理模式,从学生管理的发展趋势上看,以人为本的学生工作理念使扁平化成为高校学生工作模式变革的必然趋势。扁平化理论的技术支持是信息,扁平化的管理是通过现代化的信息手段,将新的管理思想、理念贯穿具体的工作流程之中。管理层次的减少和管理幅度的扩大,使信息处理基层化、流程管理简单化。简化组织结构,弱化等级制度,促进了内部信息的交流,强化信息的共享和全员参与决策的过程,使学生工作对内外环境的变化更敏感、灵活。扁平化促进了学生工作信息的流动,使横向信息交流加强,纵向信息流动加速,为高效、科学的决策提供了信息和组织基础。扁平化组织理论运用到学生事务管理组织结构中,会减少学校与学生之间由于信息不通畅而引发的矛盾。减少中间层级,学校管理决策层的意图很容易传达到学生层,学生层的想法与建议也能很快地直接传递到决策层,实现学校与学生之间的良性互动。组织管理层越多,满足学生需求所需的时间就越长。不仅如此,组织机构的每个层级都相当于一道关卡,由于主观的原因,信息在经过每个层级时都可能失真,而且层次越多,信息失真的可能性就越大,失真的程度也就越高。这样即便管理人员行动再迅速,待到位时或许就错过了处理问题的最佳时机。解决此类问题的有效途径在于缩短"臂长",减少中间环节,最大限度地使管理者近距离地面对学生,以此提高学生事务管理的针对性及实效性。

2010年9月21日,教育部在印发的《留学中国计划》中指出,我国的来华留学事业,实行"教育部负责来华留学工作的宏观管理"的管理机制。"省级教育行政部门按照属地化原则负责本地区来华留学管理工作。来华留学教育机构依据法律法规和规章制度负责本机构内来华留学人员的日常管理和服务。"在工作机制上，"各地教育行政部门是本地区来华留学的主管部门，协调同级外事、公安、财政、人力资源和社会保障、卫生等部门，相互配合、各司其职，形成政府各部门和来华留学教育机构之间权责明确、分工合理、决策科学、执行顺畅、保障有力的管理工作机制"。

不同于英国美国和欧洲大陆的高校在教学与管理上不区分本土学生与留学生的做法，我国高校普遍设立了专门的留学生事务管理部门——国际合作与交流处（有的高校称之为"国际合作部"）下辖的独立办公室——留学生管理（工作）办公室（"外国留学生工作办公室"），全面负责来华留学生招生、学籍、奖学金、签证、住宿、生活、安全、交流等事务的归口管理及协调，从而将国内学生的管理与留学生的管理做了明确的区分，这在给实践工作带来一定便利的前提下，也出现了一些沟通或信息共享方面的脱节，甚至在一定程度上导致教育资源的浪费。

各高校可以采取学校管理与自我管理相结合的方式，例如，按照国籍和区域设立类似中国的学生会等机构的留学生自我管理组织，校方可以为其提供办公场所或者其他活动场地，当然，在这样的集会或者聚会中，应该由中国校方的管理者对其活动进行全程的积极引导和监督，避免有损害国家利益的不良行为出现。这种学生自我管理组织中的领袖人物，往往要具备独特的人格魅力与良好的沟通协调能力，成为联系留学生与管理者之间的桥梁和纽带。校方可以根据来华留学生的民主意愿，选择有号召力、综合素质良好的学生担任，以此充分发挥来华留学生群体中的"头羊效应"。

2. 来华留学生管理制度与运行模式

留学生事务管理系统具备较强的综合性与实践性，如果没有一定的制度来协调各方面的关系，就会变成一盘散沙。学校制定来华留学生事务跨文化管理的制度，旨在把管理相关层次与部门加以组合协调，使工作有一种规范化的秩序，各项工作有章可循，有条不紊，从而达到最佳的工作效果。

（1）来华留学生事务管理制度的制定

制定一套合理完善的、切实可行的规章制度是做好高校来华留学生教育管理的重要保证。这不仅是来华留学生教学、管理的需要，也是一种教育的手段。

合理的来华留学生事务管理规章制度是文化价值观念和思想品德的规范要求，对于保证教学质量、规范管理秩序、提高留学生遵纪守法的自觉性都有重要的意义。

从字面上看，"制度"是"要求大家共同遵守的办事规程或行动准则"，也就是"国家机关、团体、企业、学校等对行政管理，生产操作，学习和生活等方面所制定的各种规则、章程和制度的总和"。来华留学生事务管理的制度就是有关指导来华留学生事务跨文化管理实践的准则，必须切合实际，符合教育管理的规律，服从和服务于留学生事务管理的根本目的，同时具备客观公正的特点和一定的科学化水平。做好来华留学生事务的跨文化管理，既要"晓之以理，动之以情"，又要"约之以规"。没有规矩，不成方圆。没有明确的制度，管理的各项要求就会空乏无力；严格合理的管理制度，则可以培养留学生良好的行为习惯。

从文化层面上看，制度既是文化的体现，又可以使文化得以强化。来华留学生事务管理制度必须具备深厚的文化内涵，避免"违者罚款""违者予以处分"等生硬的字眼出现。在每一项制度的每一条规范之间，应该具备互补性与制约性，这样的制度才能维持跨文化管理活动的良性运转。

影响来华留学生事务跨文化管理的因素有很多，但管理制度是最重要的制约因素。应该建立健全高校留学生事务管理制度，并且保证严格规范地执行，为高校来华留学生事务跨文化管理科学化水平的提升提供制度保障。

首先，政府要建立来华留学生事务管理职业资格证书制度。职业资格证书制度是国家对各行各业从业人员规定的职业准入制度。留学生事务管理资格认证不仅要考核高校来华留学生事务管理从业者的学历水平，还要考核其思想政治表现、职业道德水平、领导组织能力、教育管理能力、身体条件和人格特征等。

其次，逐步推行高校来华留学生事务管理人员聘任制度。明确学生事务管理人员的任职资格，逐步建立高校来华留学生事务管理人员公开招聘、竞争上岗的机制。

最后，加强高校来华留学生事务跨文化管理的制度建设，一是要建立明确规范的留学生事务管理队伍的资格聘任制度、培训制度、考核与监督制度、职务晋升制度、薪酬制度以及相关的工作保障制度等；二是应该按照教育行政主管部门的文件精神及时制定留学生事务管理的校本制度，内容应该涵盖入学前的招生宣传、招生工作、新生入学辅导、勤工助学、奖惩评估、档案管理与日常行为管理等；三是应该明确留学生事务管理直接领导部门的相互分工与职责,明确人员编制、工作流程、工作指标和奖惩规则;四是激励学生进行有效的自我管理,明确留学生会、留学生社团的建立,考核与保障制度。

在来华留学生事务管理的实践中,管理者的专业伦理也是需要明确加以规范的。

伦理作为长期形成的、得到人们认可和赞许的社会规范和价值准则,是特定的行为方式和生活方式。不同国家的学生事务管理都是在相应的文化背景下、遵循符合教育规律的价值观念和伦理原则。我们应该把留学生事务管理视为一种道德事业,留学生事务管理者必须不断发现、界定和践行道德规范。其价值观为互动、诚实、自由、平等、公正和团结,也包括利他主义、人的尊严、忍耐和宽容。

在这个层面上,我国高校的来华留学生事务管理应该遵循平等公正、以人为本的伦理原则。管理者与留学生之间无论国籍、文化背景、社会形态存在怎样的差异,在人格上都是平等的。在高校的留学生管理过程中,应该坚持一视同仁,公平公正。以人为本是服务者对服务对象的原则,遵循此原则的管理者应该做到尊重学生的人格、树立服务意识、实施柔性管理。以下是来华留学生管理应具备的特性。

政策性。国家方针、政策、法律法规是制定来华留学生事务管理制度的基本依据。制定来华留学生事务跨文化管理制度要从我国的基本国情出发,必须符合国家的政策、法规,符合教育方针。例如,关于留学生事务日常管理的制度,应该符合"学习上严格要求,认真帮助;政治上积极影响,不强加于人;生活上适当照顾,严肃管理"的教育方针;在《来华留学生手册》中,应该体现出与来华留学生关系密切的法律内容。如《中华人民共和国治安管理处罚法》《中华人民共和国入境出境管理法》《中华人民共和国集会游行示威法》等。

科学性。来华留学生事务跨文化管理制度,是指导来华留学生事务跨文化管理实践的准则,必须切合实际,合乎教育规律,具备科学性。我们应该从学校实际出发,充分考虑留学生的思想、文化、心理等特点,维护留学生的合法权益,既体现学校集体的意志、传统和风格,又使留学生的学习、生活、娱乐等方面得到妥善安排。在制度设计中应该用科学的态度对待留学生不同的社会背景、宗教信仰、价值观念、文化传统;明确区分政治问题上的模糊认识、不同政治观点同诬蔑、挑衅性言行之间的界限;允许留学生在学术问题上自由讨论、发表不同的见解;在生活方式上,只要不触犯我国法律和校规校纪,都应该视其为允许范围之内,不进行干预。

教育性。来华留学生事务跨文化管理制度,是要求学生共同遵循的行为准则,是一种实际的教育手段。高校的首要任务是教育人、培养人,因此,制度的制定也要从教育意义和教育指导思想出发,使每一项制度都能够彰显鲜明的针对性和教育性。例如,对留学生进行以中国传统文化为主要内容的通识教育,引导他们勤奋学习、遵纪守法、团结友好;帮助他们了解中国的政治、历史、文化、经济和风俗习惯,正确认识我国的国情和政治主张;培养他们成为学有所长、身心健康、知华友华的各国优秀人才。

严肃性。来华留学生事务跨文化管理的制度,应该带有一定的约束力和强制性。必须认真贯彻,严肃执行,维护制度的严肃性和权威性,才能发挥其应有的效能。

稳定性。来华留学生事务跨文化管理制度的功能之一,就是使行为规范化、经常化,这就要求制度本身要具有相对稳定性。朝令夕改,会使管理者与来华留学生都无所适从,不利于学校秩序的稳定,也有损于制度的严肃性。各项制度之间要互为条件,互为因果,相互支持,互补统一。在其中一项制度需要调整时,要考虑到对其他环节的影响。

适应性。人们对事物的认识随着事物本身的发展而发生相应的变化。来华留学生事务跨文化管理制度随着时间的推移与外在环境的变化,难免出现一些不适应状况,这就需要我们不断地完善,在适当的时候修订,不适当的内容要删去,不全面的内容要做相应的补充。制度不能凝固和僵化,要适应客观事物的变化,要保持一定的弹性和活力,与时俱进,为来华留学生事务跨文化管理工作的科学、规范、透明提供支持和保障。

(2)来华留学生事务管理制度的执行与实施

制定来华留学生事务跨文化管理制度是一项艰巨、细致的工作,执行实施制度更是如此。

留学生事务管理者应该成为遵守制度的榜样力量。《论语·子路》中,孔子说:"其身正,不令而行;其身不正,虽令不从。"这就启示我们,留学生事务管理者的模范作用非常重要,他们必须以身作则。要求留学生做到的,自身要首先做到。例如,要求学生不迟到不早退,组织参加活动时,留学生事务管理者必须要做到严格守时;要求留学生尊重我国的风俗习惯,相应的是我们也要尊重他们的风俗习惯;要求留学生遵守生活管理制度,前提是服务人员良好的服务态度和服务质量。"行胜于言",屡次说教不抵一次掷地有声的践行示范。因此,对来华留学生事务管理制度来说,必须解决对管理的双向性认识的问题。作为一项科学的制度,应该能体现出一定的关系双方的权利和义务,并对双方的社会行为有所规定。制度不仅是对来华留学生单方面行为规范的规定,也规定了留学生事务管理者的行为规范。

来华留学生事务管理制度的实施,必须强调管理者、留学生的自觉性。来华留学生事务管理制度,既有强制性、约束性的一面,也有强调自觉性的一面。在制度的实施过程中,要处理好被动和主动、外在要求与自觉自律的关系,让管理者和留学生双方在实践中认识到遵守制度的重要性,提高遵守制度的自觉性。

要反复宣传,形成良好的舆论环境和行为习惯。反复宣传的目的是造成良好的舆论环境,形成遵纪守法的良好氛围。学校可以利用网络、宣传栏等工具,以及来华留学生新生入学辅导和课堂教学等场合,采取多种形式,开展经常性的宣传教育活动。除了说理教育,还要抓好行为训练。

严格要求,加强监督和检查。为了使留学生自觉地执行有关管理制度,有必要对他们进行经常性的督促和检查。没有严格的要求,执行就会大打折扣。严格要求体现在实践中就是要确保制度的严肃性。检查则是制度实施的关键环节,目的在于及时发现问题,采取相应措施纠正偏差,保证各项制度落到实处。否则就会心中无数,久而久之,制度就形同虚设,犹如一纸空文,规范管理更无从谈起。

适当奖惩,维护制度的权威性。在制度执行的过程中,没有奖惩就没有权威性,奖惩也是一种管理的手段。奖励的部分就是制度中倡导的内容,惩罚的就是制度中禁止的部分。通过奖惩,明确表明学校提倡什么,反对什么,让来华留学生有榜样可循,同时明了违反制度的行为所产生的不良后果,以此增强他们的自我约束力。

（3）分层管理的契约化模式

在系统论中,层次是指构成大系统的各个子系统及其要素之间的可被识别的差异性,表现为数量、质量、等级、规模、尺度上的差别。划分层次则是为了识别事物的差异,是对事物及其概念由少而多、由简而繁、由粗而精的识别、分解过程。分层次认知的目的是更精细地探索事物发展变化的过程内在规律,以便更好地掌握这种变化的秩序和规则,进而去认知、管理和利用事物发展变化法则,为人类发展服务。管理实践中,分层次管理就是指在特定的环境条件下,为实现管理的目标,对各管理对象进行合乎目的的精细分层,并根据各自层次的管理需要,设计决策、计划、组织、控制、协调等管理职能层次与之相对应,系统协调地整合管理资源,实现各层次对象管理的最优化,以尽可能少的要素投入,获取尽可能多的产出的过程,其核心任务是划分管理对象的层次,研究其层次存在主要影响因素,根据管理目的设计管理职能,提高各层次功能需要的管理办法,实现优化管理和促进管理的有效性、高效率的实现。分层次管理还必须具备以下三个基本要素:一是管理对象客观上存在层次性;二是管理方法的层次性;三是分层次管理最终反映的管理效果也是不同的,其管理效果可以分别进行测评,其差异性可以被识别。分层管理模式具体在操作层面上,有如下两层含义:首先,在留学生入学之初,按照是否在中国取得学位的标准将所有来华留学生分为"学历留学生"和"非学历留学生"两大类;其次,在对其进行分类的基础上,有针对性地采取不同的管理方式进行学习和日常管理。

从高等学校与学生的关系、高等学校的产生及本质三方面看,校规作为高等学校与学生双方权利义务的表现,无疑具有契约的属性。基于学校与学生平等的民事法律关系构建现代学生事务管理模式是高校面临的新课题。建立"契约化"学生管理模式是解决学生的权利和高校的教学、管理秩序之间冲突的有效途径。契约化管理把高校与学生作为具有平等地位的民事主体,认为双方基于教育合同而形成民事法律关系。双方就教育合同的履行约定各自的权利义务,对每一方的行为方式及违约责任进行界定。当前,我们正处在从行政社会向契约社会转变的历史进程中,越来越被一种法律或契约的责任所包围。契约,也称为合同,它是双方(或数方)当事人依法订立的有关权利和义务的协议,也可以说,契约是各方基于平等基础上建立起的一种权利义务关系。契约可以分为正式契约和非正式契约(心理契约)两种形式。大学生"契约式"管理模式就是用"契约"的方式明确高校与大学生之间的权利和义务关系,把学校学生管理的任务、服务内容逐项分解,以求分级管理、权责明确、责任到人。这种契约特指在高校思想政治教育和管理、服务过程的权利和义务关系的协议。这种契约因其性质和内容的不同,可分为"公契约"和"私契约"。以培养人才、发展科学、服务社会为目的而形成的契约为"公契约",即行政契约。在行政契约关系中,契约的自由原则受到限制,契约内容必须符合法律、法规的规定,其缔结、履行等都必须严格依据法律法规的规定,契约双方无完全的自由处分权。以围绕学生日常学习和生活的特定方面而在主体之间产生的契约为"私契约",也就是民事合同。在这种契约关系中,当事人法律地位平等,但合同一经成立,即具有法律约束力。大学生管理中的契约,其主体是学校、后勤实体、社区管理部门等和学生,既存在行政法律关系,又存在民事法律关系,其客体是主体权利义务指向的对象,特别是行为,契约期间从学生报到注册之日开始到毕业或终止修业之日起结束。建立一种新型的以契约关系为基本内容的"契约化"管理模式是高校学生管理实践发展的必然选择。在契约化的学生管理模式中,学校与学生表现为一种互相影响、互相适应的动态模式。互相影响,即学校在学生管理契约化中居于主导地位。契约精神不仅仅是被动的,它以学生自由表达对学校管理予以同意或认可,从而影响到学校学生管理的权威。相互适应,即学校学生管理工作与学生在互相影响的过程中不是消极的影响与被影响的关系,而是一种能动的、积极的适应过程。学校学生管理工作对学生的适应,就表现为学生管理者在学生管理活动中带有弹性或妥协性,以及学生在管理活动中的自由选择性。学生对学校管理的适应则表现为学生主动性的发挥以不损害学校为限,而且必须与公众舆论相一致。契约化学生管理模式与刚性的学生管理模式不同的便是契约精神在学生管理过程中的体现。它以契约形式改变制度化学生管理模式的单向性、简单的命令服从关系,以契约方式树立学生工作者与学生信任、沟通与合作的新形象。

通过一定的访谈、调查与实践,综合考察并借鉴国(境)外高校学生事务管理的先进做法与经验,笔者认为,我国的高校来华留学生事务管理,应该结合高校自身的发展水平与管理特点,在遵循"跨文化管理"基本理论的前提下,构建符合高校发展水平的留学生事务管理模式。

留学生数量少、规模小的学校,可以通过国际处下设留学生事务办公室的机构设置方式进行全面管理。

留学生数量多、规模大的学校,则可以通过学校设立集教育、教学、服务、事务性管理为一体的"国际文化交流学院"的方式实行契约化管理。具体而言,应调整小规模留学生时期管理机构以行政管理为主、政治干预性突出的特点,设立与留学生规模化增加相适应的机构,强调机构的"去行政化",更加突出机构的"服务"性特点,彰显留学生事务管理机构的教育与服务性特征。

针对高校来华留学生的规模和特点,结合高校实际,笔者建议,在管理实践中尝试设置留学生事务分层管理平台。概括起来,这一机构的核心在于"学历留学生管理趋同化"与"非学历留学生管理市场化"。对于学历留学生,将高等教育领域国际上通用的趋同管理方式,统一纳入本土学生管理体系中,将留学生和在校的同级中国学生在住宿、图书利用、学生组织活动等方面都一视同仁,为中外学生充分融入交流创造条件。高校也可以根据校学生的规模,成立学生会或留学生会,以加强留学生间的相互联系。在促进留学生更好更快地融入中国高等教育大环境的同时减轻高校国际交流部门的压力与负担。

对于短期语言生、进修生,则可以由专门的留学生服务中心全面负责。鉴于留学生来华学习的情况多种多样,这机构就可以充分发挥市场优势,通过市场化的运作,提供跨文化的生活环境咨询、饮食、文娱照管、医疗保险、法律咨询等一系列服务;开设各类有特色的班级与课程,如汉语、中国概况、中国音乐、绘画、饮食、哲学、中医等对其进行中华传统文化的普及与教育。还可以为学位预科生开设特定语言强化课程。除此之外,在管理上也可以采取灵活多样的方式,例如对于住宿,可以借助中介,联系中国的 Homestay 或是租房。不过,鉴于留学生的性质比较特殊,服务中心有必要密切联系地方的外事管理部门或机构,如出入境管理局等,并通过稳健的管理系统对学生的身份、签证、停留时段、境内担保、学习成绩等各项事务做详细管理,从而形成权责明晰、运转协调、管理高效的分层管理平台,实现有限资源的优化配置与合理利用。

笔者认为,科学的留学生管理机构应该由留学生办公室和留学生服务中心两部分构成。留学生办公室是学校的职能管理机构之一,负责入学申请、学业咨询、签证指导等与学籍管理密切相关的事务管理。市场化的留学生服务中心为留学生提供各种专业化的生活服务,管理与服务通过不同的职能部门实现,形成完善的留学生管理组织体系。

受组织行为学中虚拟组织设计理论的启示,在分层管理体系中,由学校分管外事工作的副校长牵头,选择具备海外留学背景的专家教授、国内留学生事务管理资深专家、留学生事务一线管理人员、留学生代表等共同组成的来华留学生事务跨文化管理顾问小组作为一个机动灵活的虚拟组织存在,平时可以分散在各院系、各岗位,在必要的时候组成以"灵活性""专业化"以及"问题趋向"为显著特征的"专家顾问团",对留学生事务的管理进行指导,由留学生事务办公室的在职管理人员担任团队领导,成员可以根据留学生的群体特征从在校研究生中挑选具备一定语言能力和管理能力的志愿者来行使日常的管理职能。这样的组织结构特点在于,在避免留学生事务管理机构一线管理人员数量不足的同时,充分发挥研究生群体的语言、思维活跃、组织管理灵活的优势,达到充分利用高校的既有资源,弥补现实工作中管理者数量不多、人员素质有限的不足,从而真正实现来华留学生事务的跨文化管理。

后现代主义主张尊重差异性、尊重多元性,提倡珍视人的差异性与独特性。这就启示我们,每一位来华留学生都是独特的个体,带有其所在国社会背景与传统文化的特质,其差异性是必然存在的。因此,留学生事务管理方式也需要打破以往管理的刚性统一与利益格局,实行分层级、差异性管理。

目前,我国多数高校的来华留学生事务管理工作的重点是用严格的校纪校规来规范、约束留学生行为。这种管理方式一方面由于其以一种强制性态度管束学生,主要用检查、监督的办法规约学生,所以管理的要求很难内化为留学生的自觉行为。要使留学生参与自身的管理,这样既可以调动学生的积极性,又可以改变学生在管理中的从属和被动地位。

此外,平等管理至关重要。这里的平等是指后现代主义所主张的"异质"的平等,即"摒弃一切歧视,接受和接收一切差异",用不同的标准去要求和评价不同的对象。这就启示我们在管理过程中要倾听不同的声音,抓好深层次管理而不仅仅浮于表面,要建立、健全、完善一整套科学、规范、完整的规章制度,从以直接管理为主转变为以宏观导向管理为主,从以管理者管束为主转变为学生自主管理为主,从被动式强迫式管理转变为主动式民主式管理。

3.管理队伍的构成及发展

高素质的管理队伍,是管理目标得以实现的人力保障。专业的管理人才能够帮助管理活动达到事半功倍的效果。在高等学校留学生管理领域,来华留学生事务管理者的素质,直接影响着管理活动的整体水平。因此,培养专业化的管理人员,建设科学化的管理队伍至关重要。

（1）人员培养专业化

来华留学生事务管理者应该具备多门专业知识和技能,其专业化是指经过专门教育培训的人员走上留学生事务管理岗位,并且在实际工作中不断提升专业知识和技能的过程。只有在专业化建设的基础上，才能更好地去规划留学生事务管理者队伍的职业化发展，才能真正建设一支专门的高水平的学生事务管理队伍。需要明确的是，留学生事务管理队伍的专业化是指人员专业化培养、职业化发展的队伍建设理念和导向。留学生事务管理者的专业化包括专门的知识和技能、有专门的工作领域、要强调专门的服务理念和职业伦理、有专门的训练和教育培养的设施、对职业能力有专门的测验和测试及过硬的专业团队。技能是构成专业要素的关键，同时它本身也需要专业理论和知识来支撑。来华留学生事务管理工作要有相应的专业知识和技能要求，否则就不可能形成专业；还要有相关学科的建设，否则就不可能持续发展。来华留学生事务管理者的技能包括开展留学生学业指导、生活辅导、生涯规划等方面的教育、管理和服务活动。一个专业只有具备了专门的、其他专业无法替代的服务领域，才是一个成熟的专业，这体现了工作职能的专业化。专业行为准则是专业伦理的一种外在表现。来华留学生事务管理者在世界观、人生观、价值观方面，在心理素质、意志品质、职业道德等方面都要有明确的要求，这是职业素养的专业化。教育和训练是专业化的关键。要有专门的教育培训机构，需要包括上岗培训、日常培训、高级研修、专题研修、学历学位培养在内的完整的教育培训体系，内容包括心理咨询、就业指导、职业生涯规划、教育管理方法等的掌握和运用，还有对相关政策的理解和执行能力等，这体现了教育、管理和服务的专业化。专业需要有考核和测定，需要有严格的认证制度。要研究和分析一线来华留学生事务管理者的基本能力要求，设计能客观反映这些能力的测验内容和测试方式，实行职业准入和上岗认证。

高校来华留学生事务管理专业化是指摒弃经验式的工作模式，代之以学科化、研究型、学术式的留学生事务管理运行机制，其行为方式是以科学理论为指导，实现其管理队伍向职业化、专业化及专家化的方向发展。它具有如下特点：事务管理技能的理论性和研究性，事务管理理论的学科性与专业性，管理队伍组织建设的不可替代性。在高等教育不断改革与发展的形势下，高校来华留学生事务管理的专业化应从静态与动态两个方面进行理解：从静态角度看，是指来华留学生事务管理成为一个系统的专业，被纳入学科领域中，身居来华留学生事务管理岗位的从业者具有较强的专业理论与技能，在工作实践中表现出较强的专业性；从动态角度看，留学生事务管理专业化是一个不断发展的过程，不断加强学科化建设的过程以及留学生事务管理者不断学习与实践,使管理者逐渐成为一名专业人员的过程。当前,高校来华留学生事务管理专业化更符合动态内涵,即应从不断发展的视角去审视与把握。来华留学生事务管理人员培养专业化,要求从业者要努力成为以留学生事务工作为职业的专业型人才,并向专家学者型方向发展。积极鼓励从业者成为有效指导留学生学习、心理健康教育、职业生涯规划、社会实践、社团活动及就业创业等方面的专业人才,而不是仅仅从生活上进行特殊关照的"生活保姆"。建设专业化的高校来华留学生事务管理队伍,必须坚持以事业凝聚人,以待遇吸引人,以政策发展人及以制度保障人的原则。认真贯彻落实《留学中国计划》中"完善来华留学管理工作人员培训制度。加强培训机制建设,建设一支相对稳定、爱岗敬业、熟悉外事、精于管理的留学人员管理工作队伍"的要求,高校学生事务管理队伍专业化既是一个目标,也是一个过程。从目标的视角而言,高校学生事务管理队伍专业化是指把高校学生事务管理者培养成为具有一定专业技能的教育管理及服务工作者;从过程视角而言,高校学生事务管理队伍专业化就是指依托现实中的一定专业(学生事务管理专业),把从业者有针对性地培养成专业从事大学生事务管理的专业性人员的过程。

（2）队伍建设学科化

学科建设为来华留学生事务专业化提供坚实的专业保障。来华留学生事务管理是一项专业性很强的工作,其育人目标的实现有赖于对留学生发展规律及教育规律的深入研究和把握,涉及教育学、心理学、管理学及社会学等诸多学科领域。为适应高等教育发展的需要,更好地发挥留学生事务管理的育人作用,应该通过建立相应的学科点,将来华留学生事务管理与学科建设紧密地结合起来,加强对来华留学生事务管理基本理论及基本规律的研究,进一步总结提升对来华留学生事务管理工作的认识,构建科学化、规范化的学生事务管理新型理论框架和工作模式,积极推进来华留学生事务管理专业化建设,不断增强来华留学生事务管理理论与实践的学术性与科学性。学科化发展主要表现在:凝练研究方向,搭建研究平台及整合研究队伍。凝练研究方向,就是在全面把握留学生成长、成才中迫切需要解决的各种实际问题的基础上,从学科建设的角度,通过凝聚和锤炼形成若干学术研究方向,引导从业者广泛参与这些研究,借助研究提升自身的专业素养和队伍的专业化水平,从而为队伍的专业化建设奠定坚实的理论基础;搭建研究平台,寻求学生事务管理队伍专业化建设理论支撑,建议相关部门围绕学生事务管理队伍的专业化建设,选择具有相当学科建设水平的高校进行宏观布点,建立若干个国家级的"研究基地"或"研究中心",并以这些基地为核心,构建从部、省到高校的立体化研究基地网络,并依托该网络来推进从业队伍的专业化发展;整合研究队伍,加强学生事务管理队伍研究协作力量,应根据从业者工作的内在要求,构建系统的辅导员选拔、培养、评价和流动机制,造就一支"能研究、会管理、擅创新、重实践"的专业化队伍,还要广泛开展学生事务科研活动,增强学生事务研究的国际性与开放性。

随着我国国际化水平的提高和留学生规模的扩大和数量的增加,对于留学生管理干部的要求也越来越高。为了适应这种需求,应着力培养一批思想过硬、业务素质优良、政策水平高、管理经验丰富的年轻留学生管理干部。以提高效率为目标,积极借鉴国际知名大学的运营机制,推进行政管理、教辅服务、后勤服务的国际化建设,提高社会服务意识。尊重留学生的民族习惯与宗教信仰,同时强化留学生的自律意识与安全观念。

我国的教育历史悠久。学校与学生的关系、教师与学生的关系长期以来受到以儒家学说为主导的传统文化的影响。在我国,自有学校和学生开始,封建礼教就将师生的关系定义为"师为上、生为下;师为主、生为仆;师为尊、生为卑",若以"二元对立"的现代范式来分析这种现实,教师就是处于"主体""中心"一级,学生则永远是客体与边缘化的。在这种师生观的支配下,学生本应该拥有的权利得不到承认和保障,学生事务管理强调权威至上,学生对学生事务管理者一切指令的绝对服从和对学校所有规定的无条件遵守。

后现代主义主张师生之间应该形成一种主体间平等对话的关系。这也意味着来华留学生事务管理者要重新定位自己的角色,实现从管理学生、支配学生到主动为学生服务的角色转换,从权威的代言人到平等主体之间的首席。当然,后现代主义主张的"权威代言人角色的消解"并不意味着管理者与留学生在教育管理过程中的角色作用完全统一,更不意味着留学生事务管理者和学生丧失各自的独特地位和区别性。留学生事务管理者工作中的重点和方向已转变为学生学习的帮助者、促进者和启发者,已从独奏者的角色过渡到伴奏者的角色。

和谐社会大背景下,高校学生事务管理应该改变传统的以服务学校为工作导向,强调权威与服从的理念。"以人为本"才应该是高校学生事务管理的基本价值取向。来华留学生事务管理的宗旨是服务留学生、发展留学生。是以人全面、自由的发展为核心,以个人的自我管理为基础,以组织的共同目标为引导,通过给予成员充分的授权和信任以及成员的积极努力,从而实现成员全面、自由的发展。这一理念"强调一种朝向人的、水平的管理风格,而不是朝向任务和功能的管理"。留学生事务管理应该反映留学生的合理需要,爱护他们的人格与尊严,指导他们的学术与个性发展,激励他们不断进步,向他们提供各种可能的、必要的服务与帮助,以全面实现大学教育的目标。

在此意义上,来华留学生事务管理者要明确自身的角色定位,管理者自身不能始终以"干部"自居,否则会使整个工作系统出现指导方向上的偏差。高等教育的目的是培养全面发展的学生,而管理的任务就是为实现学生的全面发展而服务,一旦打上"干部"的烙印,留学生事务管理者就会从内心深处远离"平等、沟通与服务",代之以"权力、命令与服从",这是与"以人为本"的管理宗旨背道而驰的。因此,留学生事务管理者要对自己在管理过程中不同阶段的角色有清醒的认知和明确定位,从以往的"工具理性"上升到"以人为本",从权威的代言人转变为平等中的首席,尊重学生的主体地位,在与学生的交流中给予其充分的话语权。具体在留学生管理工作上,就是改变过去以硬件管理、生活条件为优先考虑的思想,而转向以思想观念适应带动行动适应的工作方法,尊重学生的文化传统,理解其文化差异,真正从爱护理解学生角度去分析和解决问题,做到"思想上尊重、行动上关怀",坚持管理原则的统一性到具体事务的区别对待。

2010年9月21日,教育部印发的《留学中国计划》中明确指出,要"完善来华留学管理人员培训制度。加强培训机制建设,建设一支相对稳定、爱岗敬业、熟悉外事、精于管理的留学人员管理工作队伍"。

调查表明,国内高校在来华留学生事务管理方面大多采取了大体一致的机构设置与人员的配置方式。高校来华留学生事务管理队伍的发展在这种机制下缺乏职业化的人员聘任制度。一般高校习惯用毕业留校的本科生、研究生充实留学生事务管理队伍。在选择时通常认为只要能够熟练运用英语交流就可以胜任留学生管理工作了。这与实际工作所要求的能力素质还是相差甚远的。比如,是否有危机事件处理能力,是否有超强的沟通能力,是否有极具亲和的人格魅力等,都应该成为聘用人员考核的指标。但是实际操作过程中并没有得以实施。

留学生事务管理是为了实现人才培养目标服务。留学生事务管理并不是脱离学校学术活动之外的教育活动,也不是与学生的学术活动相对立的"另一种教育活动"，恰恰相反，它在其特定的领域里运用更为丰富多样的教育手段为学生提供服务，向学生施加影响，而目的只有一个，即为实现学校的办学目标服务。因此，无论是那些被我们所推崇的国外顶尖大学，还是一批正在努力跻身于世界一流的中国大学，留学生事务管理基本理念与终极目标是一致的——以人本主义理念引导管理实践，时刻关注留学生的全面发展。

在调查和访谈中，来华留学生事务一线管理者普遍建议增设含留学生事务管理方向的学生事务管理专业，培养留学生事务管理领域包含本科、硕士、博士在内的多层次专业人才。

该专业学生应该掌握包括英语在内的至少两门外语，这样在面临对零汉语基础的留学生的交流问题时才能够避免不必要的时间与精力的浪费；在学习期间至少要有一次到国内外高校留学生事务管理部门短期访学的经历，这样，在实际工作的实践中才能够做到言之有物，行之有度，避免"空想臆造"和"闭门造车"。

专业的来华留学生事务管理者应该运用多种途径捍卫道德准则：不但要在生活中和工作中树立一个有责任心、理性、富有同情心及遵守行为道德准则的典范，公平公正地实施机构的行为准则以及其他规定和政策；还应该挑战所遇到的任何不道德、非法及非正义的行为和政策。

留学生事务管理者通过有效实践活动使学生获得成功所面临的挑战和机遇是多方面的，需要同时扮演以下三个方面的专业角色：教育者、管理者和领导者。他们必须同时是精明干练的教育者和领导者，又是经验丰富的管理者。为了更好地理解这三种角色，更确切地说，是更好地理解他们作为管理者角色的三个不同的方面，我们必须采取一种综合的视角。

理解这种观点需要充分了解协作行为模式，即综合实践活动的作用。如果学生事务管理者们能够自如地运用这种模式去指导实践，就能创造更大的可能，从而在三种角色中达到一种平衡。例如，领导者角色在工作中可能遇到的问题，在类型与性质上可能与教育者更为接近。而管理者角色更强调执行任务的方式和环境。以制定校内行为准则为例，尽管各个学校的标准都不同，但基本目标都是学习和实现社区背景下的道德价值。来华留学生事务管理领导者是展现公正、诚信和制度规则的主要角色。尽管来华留学生事务管理教育者认为"做我所做""为我所为"是合适的，但这些对学生的学习和行为的内化来说是不够的。

因此，必须提供一些其他的学习机会。这就是为什么大多数院校的来华留学生事务管理教育者会在制定、管理和执行一系列行为准则时最大限度地确保留学生参与,而学生事务管理者则负责确保提供合法环境、运营支持、沟通方式及公共关系策略。

在某些方面,留学生事务管理者的功能就是兼顾好身为领导的教育者和身为教育者的领导这两种角色。管理者要创造一种稳定的环境和秩序并在短期内通过改进活动的程序和参与方法来巩固这种环境和秩序。在多元文化环境中,所有群体,尤其是一些弱势群体,都明白很重要的一点,那就是如何证明自己已经采取有效措施来实现目标或实现由留学生事务领导者和教育者所促成的良好变化。例如,消除一些对于残疾人而言的可视障碍(如人行道上的障碍物、非自动门等)。要成为办事有效的学生事务管理者,关键是要在教育者、领导者和管理者三者之间建立平衡。

在对美国高校学生事务管理人员的调研中,笔者发现美国高校公开招聘的学生事务管理人员主要是初级和中级的管理人员,招聘一般包括以下几个环节:在公布招聘职位与要求后,组成专门委员会,审查应聘人员简历和工作背景,阅读推荐信等相关资料,最后进行严格的面试把关。我国高校在留学生事务管理者队伍遴选的程序上,基本遵循了科学化的要求,但是在遴选的标准与人员的具体选择上,还存在"人为干涉"与校内"近亲繁殖"的现象,这一现象在当前我国高校人员选配中具有一定的普遍性,给实际工作带来的问题也不断凸显,这是值得我们深刻反思与改进的核心所在。

第一,从事国际交流的学生工作者必须具备过硬的语言能力以及迅速融入团队的亲和力,这样才能与留学生进行有效的交流与沟通,增强相互间的信任,避免不必要的误会。

第二,如何在特殊情况下恰当地向留学生介绍中国的国情,做到既不卑不亢,又客观合理,这是留学生工作者必须具备的素质。当然,这种素质的形成与培养不是一朝一夕可以完成的,而是需要长时间的积累与历练。

第三,作为留学生事务管理工作者,必须具备较强的接受能力与持续不断的学习能力,只有这样才能在面对新事物时迅速内化并融合,从而通过一定的方式将自身的能力展现出来,赢得同学们的认可与信任,更有效地推动工作顺利进行。

来自一线来华留学生事务管理者的一篇工作报告将这一点体现得淋漓尽致:

在和同学们朝夕相处的13天内,我有意识地转换着自己的角色——自由活动时,我们是同龄人,我是他们的朋友,一起唱歌,一起游戏,一起欢笑,甚至将行进间的汽车作为生动的汉语课堂,在互相学习对方语言的同时,也进一步加深了彼此的感情,毫无顾忌地分享着游览的快乐;学生利益受到损害时,我是带队老师,我必须尽心尽力履行维护学生利益的职责,我据理力争,在原则问题上绝不退让,如此一来,当问题圆满解决时,同学们对老师的信任也进一步得以提升;有同学身体不适时,深入房间的探望和带去的药品、水果,使同学们在异国他乡感受到了亲人般的关怀与温暖。分别时,他们告诉我,这次中国之行,将成为他们一生中美好的回忆。

来华留学生在情感上、心理上、学习与生活交往中存在的诸多适应障碍,对我国高校来华留学生事务管理工作提出了严峻的挑战。能否深入细致地做好来华留学生跨文化适应的引导工作,关系到留学生教育管理事业的发展大局。对此,笔者认为,通过"强化来华留学生事务管理者的跨文化交际意识,提高管理水平""做好来华留学生的观念引导,为实现其跨文化适应打好思想基础""发挥网络新媒体优势,在课堂教学中为留学生跨文化适应做好知识积累"三种渠道,可以对来华留学生跨文化适应问题的解决带来一定的帮助。

应该培养来华留学生事务工作者在工作中养成良好的职业道德和职业情感。来华留学生事务工作者的首要条件就是要有爱心和奉献精神,乐于为学生服务,在管理过程中尊重学生的意见和感受,尊重他们的自觉意识。

此外,应该充分利用留学生自身的优势资源,使留学生参与具体事务的管理与决策中去。学生的广泛参与,既增强了学生的社会责任感,也使得留学生事务服务机构持续地关注学生的利益与需求。

在人员的优化调整上,应该选择具备更高理论层次的教育学、管理学相关专业的硕士、博士来充实到留学生事务管理的一线。整体而言,他们由于接受过理论的系统学习从而具备更强的接受能力与持续不断的学习能力,在面对新事物时能够迅速理解、内化并与自身知识结构相融合,并通过一定的方式将自身的能力展现出来,更有效地推动留学生事务管理工作的顺利进行。

此外,因为具备扎实的科学理论基础,高学历的管理者在从事教育与管理工作的同时还可以进行学术上的探讨与研究,有意识地发现工作中存在的问题并寻求解决之道,从而实现留学生跨文化适应理论与实践的良好结合与整体推进。

（3）留学生自治组织与自我管理

留学生事务管理,不仅包括教师和管理者对留学生群体进行的教学管理活动和生活服务,更在于源自留学生群体的自我管理和互助。在当前高校留学生事务管理实践中,留学生自治组织与互助团体如何设立,自我管理功能如何发挥,勤工助学体系如何得到完善,是留学生最为关心,也是留学生事务管理者关注较多的问题。

斯宾塞在《教育论》中指出:"管理的目的是养成一个能够自治的人,而不是一个让别人来管理的人。"高校来华留学生接受过一定的基础教育,对事物的认知有着独特的判断能力,具有强烈的民主意识、独立意识、自主学习与生活能力,同时具备强烈的自我管理与服务的意愿、传统和权利要求。这种自我管理与服务就要通过一定的组织形式——"留学生会"体现出来。与国内学生的学生会、研究生会等学生组织一样,留学生会应该由留学生选举或推荐产生,独立于学校,但是要受到学校和政府的承认,代表并维护留学生的利益,同时在必要的时候参与学校各种事务的决策。

留学生自治组织与中外学生互助组织的设立和恰当的自我管理可以使得高校来华留学生事务管理得到很大的改观。这一点笔者深有感触。

2017年暑期,美国阿拉巴马农工大学学生考察团在北京、上海、南京进行了为期半个月的交流、学习,笔者担任该团在沪考察期间的带队老师,全面负责该团队此阶段活动期间所有相关事宜。

经过观察发现,在整个来华交流期间,每个阶段,留学生团队都选择了不同的同学担任队长,每个人都有机会担任团队的阶段性领袖。一旦成为这样的队长,就要承担全体队员之间、队员与带队老师之间联络与沟通的职责,例如,在办理入住手续之后将同学们的护照等重要证件统一保管,以避免有同学因个人物品保管不善影响团队行程。每当需要团队集体行动,需要征求大家的意见。意见相左的时候,队长就要做好综合协调与平衡,并且作为代表与带队老师进行直接沟通,从而形成一致可行的行动方案。当然,这种沟通是在没有语言障碍的情况下进行的,一旦有了语言交流障碍,沟通的效果就会大打折扣。

这样的方式使得老师与同学们都得到了充分的相互理解与信任,收获了足够的认同与尊重,师生之间的关系和谐融洽。这种融洽的关系的保持,不仅仅对个人而言是一笔宝贵的财富,对于国家之间的友好往来,也增加了一份来自民间的推动力量,也许多年之后某个国家的领导人或某一领域的杰出人物就蕴藏在现在的学生团体当中。就在顺利完成考察任务,将他们送达机场之际,同学们将他们最美好的祝愿留给了我,他们的留言是这样的:"We will always remember you! We have a perfect journey in china these days, especially with you. All of us like you very much! When you smile, the sun arises!"看着这样的留言,每每回想起和他们朝夕相处的十几个日日夜夜,我的内心就会被温暖充溢着。他们是一群来自万里之外的异国年轻人,他们活泼、热情,他们阳光、善良,他们严谨、执着,他们对一切新鲜的事物充满兴趣。作为老师,我仅仅是做好了自己应该做的,真诚地与他们交流,设身处地为他们考虑,一起欢笑,一起流泪,一起面对困难,并肩解决问题,这种亦师亦友的关系成为他们在中国考察活动中最灿烂的阳光,为此我深感欣慰。作为来华留学生事务管理者,也许,你的笑容就是一张最美丽的中国名片。

此外,还可以在实践中尝试设立中外学生互助组织。我国当前高校普遍的做法是建有专门的留学生公寓,这一方面有助于提高高校来华留学生管理的针对性和有效性;另一方面,却实质上把留学生与中国学生隔离开来。在实行中外学生住宿统一管理方面条件还不够成熟的时候,不妨延续长期以来的传统做法,同时,可以在留学生公寓设立专门的中外学生互助组织办公室,由中外学生共同担当值班任务,负责留学生课余活动的辅导。将留学生的生活指导与课外辅导规范化、制度化,避免中外学生之间因个体行为不当引发不必要冲突的现象发生。

留学生群体中蕴含着丰富的文化资源,他们作为"跨文化交往"的参与者,"跨文化适应"的经历者,"跨文化教育"的接受者,其自身的体验和经历都是非常宝贵的教育资源。因此,高校来华留学生事务管理者要充分挖掘留学生群体中的"信息""语言""文化""跨文化经历"等多种优势资源,鼓励并支持留学生社团的建立,实现留学生群体的资源共享。学生社团是学生的自我管理组织,也是他们心灵交流的重要平台,具有较强的自我学习、自我教育、自我成长的功能。很多在课堂等其他场合得不到的东西,却可以在社团中获取。留学生的社团具有一定的排他性,具备较强的亲和力、凝聚力和号召力。学校应该正确引导留学生社团活动,通过新老留学生在生活、学习、交往方面的经验交流,促进他们对新文化的适应。

在来华留学生的跨文化适应过程中,高校还要尽可能多地创造留学生与中国学生交流与合作的机会,通过举办形式多样的国际文化艺术节、中国传统文化知识竞赛、参与体验典型的中国生活等活动,鼓励中外学生共同参与文化交流活动,增加彼此间的交往与信任,扩大交际圈,培养留学生良好的心理素质、团结友爱的品质、强烈的集体荣誉感和团队合作精神,这些都能够成为来华留学生跨文化适应过程中的积极推进因素。

第四节　高校来华留学生事务跨文化管理的外部支持

高校来华留学生事务跨文化管理的外部支持系统由来自教育主管部门的政策支持和社会支持两部分构成。科学合理、与时俱进的教育政策以及来自社会的外部支持是提升留学生事务管理专业化和科学化水平的有力推动。

一、政策支持

在不同的历史发展阶段,我国教育管理部门曾经做出过不同的调整,分别于1963年8月、1979年1月召开过两次"外国留学生工作会议";1984年12月、1998年2月、2010年9月召开三次"全国来华留学工作会议"。

在1950—1977年,我国高校来华留学生教育管理事业发展正处于起步阶段,这一阶段的来华留学生教育管理政策主要有:《各人民民主国家来华留学生暂行管理办法(草案)》(1954)、《高等教育部关于来华留学生工作的几项规定与说明》(1954)、《高等教育部关于各国来华留学生管理工作的注意事项》(1955)等,分别指出"留学生入学后的学习、生活及思想教育,学校应该全面负责","留学生的管理工作是在高度的国际主义精神下,本着在学习上严格要求,生活上适当照顾的方针,进行热情负责的教育",体现出了完全为国家外交工作需要服务的特征。1963年8月20日—29日,教育部遵照国务院外事办公室的指示召开外国留学生工作会议,这是我国首次召开的全国性的留学生工作会议,目的在于检查《外国留学生工作试行条例(草案)》的贯彻执行情况,交流培养外国留学生的工作经验,提高对中央有关方针政策的认识,探讨进一步做好工作的方法。

20世纪70年代改革开放之初到80年代末(1978—1989年),这一时期是改革开放形势下来华留学工作的实验探索阶段。1979年和1984年分别召开了两次全国范围内的来华留学生工作会议,1979年第二次外国留学生工作会议指出:"提高对外国留学生工作重要性的认识;留学生工作的中心环节是教学;解放思想,搞好管理工作;针对留学生的特点,开展针对性的思想工作;做好留学生工作的关键是明确领导体制,加强领导;外国留学生工作是一项涉及各方面的工作(教育、外事、公安、文化、卫生、交通、旅游、商业、体育等),只靠一两个部门做不好,必须党委重视,各方协调才能做好。"会后通过《外国留学生工作试行条例(修订稿)》,分别从接受工作、教学工作、思想政治工作、政治活动的管理、生活管理、社会管理、经费开支、组织领导等方面做了进一步的修正与明确。1984年12月11日的全国来华留学工作会议肯定了1979年会议确定的留学生工作方针和原则的正确性,同时指出"接受和培养外国留学生是智力外援中一项具有战略意义的工作",1985年10月14日,国务院批转国家教委等部门制定的《外国留学生管理办法》,并沿用至今。

1990—2000年的10年间,是来华留学教育事业的定位调整和确定阶段。国务院1993年2月13日发布的《中国教育改革和发展纲要》提出"改革来华留学生的招生和管理办法,建立国家留学基金管理委员会,使来华和出国留学生的招生、选拔和管理工作走上法治化轨道",不再由政府出面。1998年,在亚洲金融危机的背景下,召开了第四次全国来华留学工作会议。

2001年以来,我国高校来华留学生教育管理事业进入快速发展阶段。

2010年7月29日,教育部召开改革开放以来第四次(新中国成立以来第五次)全国来华留学工作会议,会议分析了新时期新形势下来华留学工作面临的机遇和挑战,并要求全国来华留学工作战线的同志认真贯彻落实《国家中长期教育改革和发展规划纲要(2010—2020年)》,公布并部署了《留学中国计划》的实施。提出10年内建成亚洲最大留学目的地国的目标。《留学中国计划》为我国的来华留学工作未来10年的发展做了规划,要求我国各级政府和高等学校以更加开放、更加积极的姿态,推动来华留学工作快速发展,同时特别明确了"积极推动来华留学人员与我国学生的管理和服务趋同化"。

通过对不同时期历次来华留学生工作会议的梳理,不难发现,伴随着每一次会议的召开,原有的政策均会得到不同程度的调整和修正,使得对留学生的管理从国家政府层面逐步过渡到由非政府性质的基金委员会负责,适当放权,实现了教育政策的与时俱进,同时增强了高校留学生事务管理的自主权,使得来华留学生的招生、选拔和管理工作走上法治化轨道。

来华留学生教育管理在高等教育国际交流中的地位与作用随着留学生规模的扩大、类别增加、层次提高而日益凸显出来,高校在管理与服务方面出现的问题也亟待调整与解决。因此,高校应该将留学生教育管理纳入学校整体规划,在学校层面加以组织协调。

纵观高校来华留学生教育管理的历史发展,政策法规的建设主要经历了六个时间节点,六个政策性文件分别在不同时期指导来华留学生教育管理的不同阶段和过程。

1962年,中央批准国务院外事办公室、教育部与对外经济联络总局联合制定的《外国留学生工作试行条例(草案)》,指出"对留学生教育管理工作的方针是:学习上严格要求,认真帮助,生活上适当照顾、严肃管理",使得来华留学生管理工作第一次有了明确的方针性依据;1979年5月4日,《外国留学生工作试行条例(修订稿)》颁布实施,分别从接受工作、教学工作、思想政治工作、政治活动的管理、生活管理、社会管理、经费开支、组织领导等方面做了进一步的修正与明确;1985年10月14日,国务院批转国家教委等部门制定的《外国留学生管理办法》;1993年2月13日国务院发布《中国教育改革和发展纲要》提出"改革来华留学生的招生和管理办法,建立国家留学基金管理委员会,使来华和出国留学生的招生、选拔和管理工作走上法治化轨道";2000年1月31日,教育部、外交部、公安部联合发布《高等学校接受外国留学生管理规定》,对高校接受和培养外国留学生工作的管理做了进一步的规范;2010年以来,为了更好地贯彻落实《国家中长期教育改革和发展规划纲要(2010—2020年)》,教育部在9月21日召开的新中国成立以来第五次全国来华留学工作会议上部署实施的《留学中国计划》,为我的来华留学工作未来10年的发展做了规划,要求我国各级政府和高等学校以更加开放、更加积极的姿态,推动来华留学工作快速发展。《留学中国计划》指出"在管理体制上,教育部负责来华留学工作的宏观管理""省级教育行政部门按照属地化原则负责本地区来华留学管理工作。来华留学教育机构依据法律法规和规章制度负责本机构内来华留学人员的日常管理和服务"。在工作机制上,"各地教育行政部门是本地区来华留学的主管部门,协调同级外事、公安、财政、人力资源和社会保障、卫生等部门,相互配合、各司其职,形成政府各部门和来华留学教育机构之间权责明确、分工合理、决策科学、执行顺畅、保障有力的管理工作机制";在教育管理上,"积极推动来华留学人员与我国学生的管理和服务趋同化"。

高校应该以"统筹规模、结构、质量和效益,推进来华留学事业全面协调可持续发展,打造中国教育的国际品牌"的指导思想为根本出发点,遵循"扩大规模,优化结构,规范管理,保证质量"的指导方针,通过在"建设师资和管理队伍""完善后勤保障""构建留学生质量评估体系"等方面的努力,实现多元化背景下的来华留学生事务管理的科学化与专业化。

因此,适应世界多元化与高等教育国际化的趋势,我国留学生教育主管部门应该从实际出发,结合留学生文化多样性特点,在实践中对留学生事务的有效管理进行综合性的跨文化考量,通过不断地提炼和总结,结合时代需要,与时俱进地为来华留学生事务管理提供有力的政策支持。

我们应该营造宽容和谐的社会公共环境,帮助留学生群体尽快融入中国的学习与生活,特别是在校园之外,为留学生群体提供参与社区工作的条件和机会,而留学生勤工助学工作恰恰能够解决这一问题。

二、社会支持

(1) 完善来华留学生勤工助学体系

2000年1月31日,教育部、外交部、公安部联合发布的《高等学校接受外国留学生管理规定》中第三十六条规定:"外国留学生在校学习期间不得就业、经商,或从事其他经营性活动,但可以按学校规定参加勤工助学活动。"这实际上为留学生在中国的勤工助学提供了有力的政策依据,前提是"按照学校规定"。

2010年9月21日教育部发布的《留学中国计划》中,针对来华留学生的"社会实践"问题,也特别说明:"在条件允许的情况下,为来华留学人员勤工助学提供便利,为实习实践创造条件。逐步建立起教学与实习对接、课堂与社会衔接的教育机制。"

2021年12月29日,教育部办公厅等四部门关于印发《高等学校国际学生勤工助学管理办法》,为规范高等学校在华留学生勤工助学管理,进一步做好来华留学提质增效工作提供了依据。

高校应该立足来华留学生的长远发展,正视来华留学生的勤工助学问题,采取行之有效的措施,明确建立并完善来华留学生勤工助学体系。

第一,要加强宣传引导,转变观念,端正认识。要加强留学生勤工助学工作,就要从思想上更新陈旧的观念,根除传统观念对留学生勤工助学工作的影响,与此同时加强对来华留学生进行勤工助学正确观念的宣传,为留学生勤工助学提供良好的舆论环境。实地调查和留学生的现场访谈结果显示,相当数量的留学生对勤工助学认识不清,有些存在心理误区,认为参加勤工助学是低人一等的事情,怕被别人嘲笑。也有一部分学生要参加勤工助学的愿望十分强烈,但是却苦于学校没有专门针对留学生的勤工助学管理部门和针对性项目,有些学生只能选择去校外打工,还有过上当受骗的遭遇,对此,他们十分苦恼。

第二,应该制定并完善高校来华留学生勤工助学管理规章制度。我国高校应该制定和完善来华留学生勤工助学管理规章制度,其中应着重明确规定勤工助学的对象、条件、范围和程序等内容。在对象上,持X1签证来我国学习的长期外国留学生可以作为勤工助学的对象予以考虑,而那些短期进修生、语言生,或者访问学者等则不予考虑。在条件上,来华留学生勤工助学只能利用业余时间进行,不能因此放弃或者耽误学业,所获报酬主要用于对学习和生活的补充,不能直接用于经商。在范围上,来华留学生勤工助学主要适合我国经济建设和发展所需要的各种行业和部门。在程序上,应该由留学生先向学校提出申请,由劳动和社会保障部门、公安机关出入境管理部门审批后发给许可证方能进行,还应当依法纳税。

我国高校来华留学生勤工助学工作的诸多问题与弊端提示我们,应当由教育部牵头,与公安、劳动和社会保障部门一起协调,协同制定有关高校来华留学生勤工助学的法律法规,明确来华留学生勤工助学的合法地位,促使各高校对留学生勤工助学的管理工作制度化、法制化。应该对《外国人入境出境管理法》《外国人在中国就业管理规定》中有些不适合当前形势的条款做适当修改,对外国人就业的有关规定做出必要调整。关键点之一就是要对来华留学生勤工助学活动留有一定的扩展空间。此外,勤工助学报酬也应该以法定形式加以明确,从而为留学生在勤工助学过程中的合法权益提供法律保障。

第三,提高来华留学生勤工助学的社会化管理水平。来华留学生勤工助学行为本身就是一种社会化行为,它自身离不开社会化管理。因此,其他相关职能部门的配合和支持对勤工助学也是必不可少的。在此意义上,应通过现代化的手段举办勤工助学信息交流会,与用人单位进行密切沟通与联系,定时定期反馈留学生勤工助学的进展情况,发现并解决勤工助学过程中的各种问题。

第四,强化来华留学生的自我管理意识,确立留学生的主体地位。来华留学生的自我管理能力也是提高留学生管理水平的一个重要方面。有相当一部分留学生独立生活和管理能力较差,较难适应国外的陌生环境。针对留学生的勤工助学管理,除了国家法规政策和高校的制度完善,更离不开留学生自身的积极配合。学校可以成立留学生勤工助学自治管理组织,强化留学生的自我管理意识,提高其自我管理能力,不断增强其责任感。留学生勤工助学自治管理组织由民主选举产生,以协调解决留学生勤工助学各种矛盾和问题,开展丰富的勤工助学交流会等活动。除此之外,还可以加强与中国学生的联系和感情交流,增进友谊。留学生的勤工助学自治管理组织可以推进留学生勤工助学管理制度的建设,营造和谐的制度环境和人文气氛。

第五,加强各主管部门之间的协作,形成各司其职、齐抓共管的工作机制。为了实现来华留学生勤工助学的高效率、科学化管理,必须动员教育、公安、劳动和社会保障部门积极参与配合。公安、劳动和社会保障部门应正确认识和处理来华留学生非法就业和正常的勤工助学活动,教育主管部门积极参与,尽量避免造成不良影响。来华留学生勤工助学工作比较复杂,不但需要政策的支持,还需要社会中介组织的大力协作。学校要正确引导和提供优质的服务,对于社会中介机构的介绍和推荐,学校应该加以调查和积极响应。通过学校与中介的密切合作,建立起来华留学生勤工助学管理的桥梁,为留学生提供合适的助学岗位。

第六,来华留学生管理部门要建立突发事件预防处理机制,提高安全防范意识。来华留学生的勤工助学过程中,接触面极其广泛,必定会存在因种族问题引发的冲突。如文化冲突等,这是留学生勤工助学管理工作中较常见和棘手的问题。特别是不同种族之间的剧烈冲突,往往涉及文化差异、民族尊严等。种族之间的冲突极为复杂、敏感,且常常带有群体性特征,必须特别注意预警,认真处理,以免酿成真正的危机。因此,来华留学生管理部门应该制定周密的突发事件预防、处理机制,提高来华留学生的安全意识,防止可能出现的各种突发事件。

(2)发挥勤工助学给留学生学习与生活带来的积极作用

在学习过程中,高校来华留学生同中国学生一样,也需要进行相应的实践活动,同时通过勤工助学活动,提高动手能力和实践能力。勤工助学既能给留学生带来一定的经济补助,解决部分留学生生活和学习费用的困难,发挥勤工助学的经济助学功能，又能够使专业知识得到发挥，培养留学生理论联系实际的能力，将勤工助学与专业学习、理论与实践有机地结合起来。

科研型的勤工助学可以满足留学生勤工助学和科研能力培养的迫切要求。组织留学生参与科学研究和勤工助学的主导思想是培养留学生的能力和科学态度，培养其自学能力、思维能力、创新能力，培养留学生刻苦、严谨和实事求是的科学态度。

进入企业的勤工助学可以加强与相关单位的合作，发挥留学生的专业特长，将留学生的知识转化为生产力，在为企业带来经济效益的同时，锻炼留学生社交公关能力，培养其主体意识、竞争意识、创新意识，为留学生将来走向社会打好心理、知识、能力的基础。

第七章
新形势下高校来华留学生
事务管理的变革期待

20世纪90年代以来,世界经济一体化发展步伐加快,世界各国间的货物、资金、人员流动空前发展,留学生的流动也得到了经济一体化因素的推动。来自世界各国的留学生生源规模不断扩大,分别在留学生来源、流向、留学目标等方面不同程度地体现出多元化特征,并且对既有的特殊化管理模式提出了越来越严峻的挑战。突破旧有传统模式的束缚,探索多元化条件下的跨文化管理模式成为新形势下高校来华留学生事务管理最为迫切的变革期待。

第一节 特殊化管理模式面临的严峻挑战

各高校现行的来华留学生事务管理机构基本上还是依靠固有的模式在运转,即招生、学习管理、生活管理独立于中国学生之外的管理模式,留学生事务管理部门相当于一个小型的招生办公室、教务处、研究生院、学生处、后勤管理中心、保卫处。留学生事务管理部门的人员少,每个人身兼数职,负责包括招生、学习、生活服务的所有事务,个别学校的管理人员还兼任汉语课程的任课教师。再加上留学生类别繁多,学习期限长短不一,随着《留学中国计划》的付诸实施,留学生数量已经呈现规模化激增的特点,这一变化给留学生事务管理人员带来的压力可想而知。形势的发展,留学生数量增多的需求和现实管理模式的不适应,使得留学生事务跨文化管理逐渐成为一种现实的需要。怎样实现留学生事务管理的跨文化呢?跨文化管理,前提是存在不同文化的交锋与碰撞,其背景是留学生具备的文化多样性与多元化特征,跨文化管理不是无视文化差异性的简单同一性管理,而是要在管理中实现不同文化间的相互影响、相互适应的过程。在跨文化的管理制度下,留学生的不同文化背景被承认和被尊重,学生具备同等的机会了解和学习与自己不同的文化,使自己置身于多文化的学习环境中,不仅具有平等的学习机会,也具有平等的被评价的机会。

趋同方式是世界各国接收外国留学生普遍采用的培养方式。对外国留学生实施趋同培养方式的关键是留学生能够使用接收国的官方语言进行专业学习。因此,我国实施趋同的教育管理方式,就在于使留学生实现多元文化背景下的接受与融入。

世界各国留学生教育的发展也表明,开放式的留学生教育发展体制的主要内容,一是高等学校直接面对国际留学生市场招收留学生,二是外国留学生与国内留学生同等对待。80年代末之前,留学生与校方发生矛盾一直是困扰来华留学生管理的一个主要问题。80年代后期,废除了对留学生"特殊对待"的管理政策规定,强调对来华留学生与中国学生同等对待。这首先为新的来华留学生管理体制的逐步确立提供了政策支持。同时,随着我国经济发展水平的不断提升,社会主义市场经济体制的确立以及加入WTO的外在经济环境,也成为推动来华留学生教育管理发展的积极因素。

一、高校来华留学生群体呈现多元化特征

20世纪90年代以来,世界经济一体化发展的加快,成为推动世界外国留学生教育发展的主要动力。在此条件下,世界留学生教育的发展在留学生背景文化多元的前提下,呈现出生源多元化、流向多元化、留学目标多元化的特点。

通过对教育部《中国教育年鉴》2000—2016年以来关于来华留学工作数据的整理分析,不难看到,十多年来,我国高校来华留学生多数来自发展中国家的同时,来自发达国家和转型中国家的留学生数量也显著增多,留学生来源多元化特点逐步显现。在数量大幅增长的同时,来华留学生的留学类别、层次、学科及专业选择方面也呈现出多元化发展的特征。

通过对2000年以来高校来华留学生按照经费类别(奖学金生/自费生)和学生类别(学历生/非学历生)划分进行数据分析,可以看到,在2005年中国政府实施"国家奖学金"政策吸引留学生来华学习之后,通过奖学金渠道到中国的学历生人数逐年上升,与此同时,以进修生(非学历生)身份到中国学习语言的人数也呈现显著上升的趋势。

留学生流向多元化。世界上接收外国留学生的国家越来越多,而且接收外国

留学生规模较大的国家也越来越多。尽管世界范围内留学生仍然是主要流向英国、美国、德国等发达国家,但是,转型中国家和发展中国家接收的外国留学生也有明显增长。

留学生留学目标多元化。留学目标是指到国外高校选学的学科和就读的层次。高等教育的层次包括研究生、本科生和专科生教育,同时包括学历生和进修生。从来华留学生选学的专业来看,也在不断发生新的变化。

在这样的背景之下,我国来华留学生事务管理工作也应该突破旧有"一元统领、特殊化照顾"的思路与模式束缚,站在高等教育国际化与留学生管理跨文化的战略高度,逐步形成更加开放、多元、包容的新思路和新模式。

二、"特殊照顾"无法适应留学生规模化激增的需要

当前我国现行的来华留学生事务管理,在管理理念上,突出的是管理者作为教育主体自上而下、绝对权威的信息灌输,强调"社会为本"的价值取向;在相互关系上,管理者与被管理者、学校与学生主要表现为领导与被领导的行政管理关系;在管理内容上,侧重对学生学习生活的大力度规范、限制和整体性调控;在组织模式上,采取的是借助行政权力、偏重规范与约束的自上而下的纵向宏观管理。

通过对不同地区不同高校来华留学生事务管理机构的调查发现,通常情况下,我国高校留学生事务管理是块状管理,条块结合,多级设置,突出了综合化。这种运行机制很好地解决了对留学生管理服务的充分覆盖和工作的统筹协调,使留学生工作便于有效组织和协调管理。但是,条块结合的管理机制不可避免地存在如下问题:信息传递效率偏低、组织运行成本偏高、对于学生需求反应偏慢、学生工作整体专业化进程偏缓等。

在某高校的访谈中,一些语言进修生谈到了他们遭遇身份尴尬的问题:因为没有同学历留学生一样的正式学籍,不能享受同学历留学生一样的正常待遇,学校很多公共资源不能利用。例如,语言进修生如果想要开通图书借阅证,必须收取220元一年的押金和110元一年的使用费。在留学生看来,这显然是一种不公平待遇。语言班留学生认为学费里面应该包含在校期间的图书借阅费用,而图书馆则规定短期语言进修学生应该另行支付,这就与留学生的理解发生了冲突。这不仅是一个是否收费的问题,而是从深层次反映了在图书馆与留学生管理办公室两个部门之间制度的冲突。

在访谈中,某大学留学生管理办公室的老师告诉笔者:

在管理中,留学生群体也因为地域和国籍的不同表现出不同的特征,个体行为特征也存在较大差异。有的学生学习非常努力,具有较强的适应能力与接受能力,他们可以在很短的时间内找到中国学生作为生活和学习向导,进步非常迅速,成绩相当优异。而也有很多学生虽然抱着好好学习的初衷,但是囿于语言和自身能力的限制,学习和生活上都存在较大的困难,从而在心理上埋下了厚重的阴影。

出现这样的情况,原本是需要留学生管理办公室的老师想办法加以解决的,然而,由于学校工作人员有限,留学生数量又不断地增加,不能保证管理人员充分掌握每一位留学生的信息,发现留学生思想和学习上的问题,这就造成了很多误解。

作为来华留学生事务管理者,在学校的工作时间毕竟是有限的,不可能实现随时随地和留学生在一起。而学生作为学校生活的主体,他们有足够的时间和精力。在此情况下,不妨选拔一些政治素质过硬,外语能力好、热爱留学生工作并且具备一定交往技巧的中国学生作为留学生宿舍管理助手,以勤工助学的形式,在正常的工作时间之外处理一些留学生学习和生活上的小问题,为留学生答疑解难。比如,设立语言助手,课外辅导助手,生活助手等岗位,一方面解决了国内学生勤工助学问题,另一方面也加强了中外学生的交流。

某大学国际合作与交流处的留学生班主任G老师说:

刚开始做留学生班主任的时候,国际处只有我和另外一位老师负责留学生的教学管理工作,所有的本科生、硕士生、博士生都归我管理。最多的时候有700多个学生,工作量大,工作压力也大。我每天奔波在各个教学楼,坚持到教室点名,掌握学生的出勤情况。更主要的是在与留学生的接触中了解学生各方面的情况。

来自学生的访谈中也提到了同样的问题:

某大学来自美国的留学生施凯告诉我,他在国内的时候是中文专业的学生。

那时他可以轻松地找到来自中国的留学生作为交流伙伴。他说,在他们的大学,没有本土学生和留学生的区别对待,没有专门的留学生宿舍或留学生餐厅之类的设施,所有的学生都在一起学习、生活、吃饭、运动、娱乐,所以到美国去的留学生适应美国学校和社会生活的速度要比来华留学生适应中国的速度快得多。管理制度的差异是重要的影响因素。施凯同学特别强调:"因为我爱好音乐,并且多才多艺,留学生管理办公室的很多活动,例如留学生文化艺术节的主持任务都会让我来承担,这让我的才华得到了充分的展示,我的内心非常充实。可是,有一些同学,他们没有什么特长,不会唱歌,不会跳舞,不会踢球,不会打篮球,甚至语言水平也不高,在这样的情况下,学校的什么活动他们都不能参加,根本无法融入整个留学生群体与中国学生的交流中去。我为他们感到担忧。"事实上,施凯同学的担忧,也正是留学生事务管理者所特别关注并且想要尽力改善的问题。

短期语言进修生顾凝恩(Richer)同学来自美国休斯敦。她在美国读大学的时候经常和一些来自不同国家的留学生一起交流。她说:"我们的学校在生活上也不提供统一的住宿,留学生和我们本国的学生一样需要到外面去租住,这就给我们带来了很好的沟通与交流的机会。从生活上到学习上,留学生与本土学生基本上是不存在差别的。"而她在中国的最初阶段,对中国高校的考勤制度很不适应,常常缺课,课程不合她的胃口就不愿意上,对老师的教学方法也常常感到不满意。因为在美国,学生的学习态度和课堂考勤由学生自己负责。而在我国,教师对学生有严格的考勤要求,学生的出勤率是衡量学生学习态度的基本标准之一。

上述情况不难看出,设立隶属"国际交流与合作处"的"留学生管理办公室"或独立的国际教育学院、海外教育学院来管理来华留学生事务仍然是当前高校普遍采用的留学生事务管理模式,这是由高校学科特点、历史传统、整体管理风格、来华留学生数量与规模所决定的。数据同时显示出,当留学生达到一定规模,为了管理的方便,设置"国际交流学院",将其职能独立于大学的国际处,既负责全校留学生的招生与管理,同时负责语言留学生的汉语学习。设置单独的外部型组织——国际学院逐步成为高校留学生教育管理领域的新的发展趋势。

(1)内部职能型管理模式

通常情况下,在学校职能机构"国际处/外事处"下设"留学生管理办公室"的管理模式是留学生数量不大、规模较小的高校或者是高校在留学生教育事业发展初期时采用的有效管理模式,在管理学上,可以视为"内部职能型管理模式"。在这一模式下,较小规模的来华留学生可以得到从日常教学到生活服务的全方位特别关照,这适应了来华留学生教育管理初期的发展需要,与高等教育国际化初级发展阶段的时代特征相吻合,其机构简单、权责明确的特点在特定历史阶段显示出一定的优越性。

随着高等教育国际化水平的不断提升和留学生规模的不断扩大,内部职能型的留学生管理模式的局限与不足也不断显露。在内部职能型的留学生事务管理模式下,留学生办公室负责留学生的招生、入学、学籍管理和生活服务,教学事务方面往往需要和学校的教务等部门协调沟通。由于信息不对称与资源的不对等,往往出现部门之间沟通脱节导致办事效率低下的现象。

事实上,服务学生、发展学生才是留学生事务管理的根本使命,然而在具体操作上,学校过多地强调了管理,管住学生成了全部工作的内容,而为学生的服务往往流于形式。这一时期的留学生事务管理人员多是兼职人员,往往凭借个人经验行使管理职能,其专业技能和业务素质并不足以为有效的来华留学生事务的管理提供有力支撑。

随着中国高等教育国际化水平的不断提高,这一模式无法满足留学生数量与规模激增的现实需要,高校设立专门的"综合学院"对大规模来华留学生进行专业化的管理成为大势所趋。

(2)**外部事业部型综合学院管理模式**

第一,综合学院管理模式的特点与功能。从管理学的角度来看,综合学院型的管理模式采取的是"事业部型"的组织形式。我国高校在逐步取得留学生的招生、管理自主权之后,面对来华留学生数量的不断增加,学校为扩大规模,适应发展需要,整合校内涉及来华留学生教育的各项资源,集中优势,简化行政运作,成立综合性的国际文化交流学院,任务明确、管理高效、运作简便、资源集中、效益显著就成为综合学院突出特点。

综合学院承担着学校赋予的对全校所有来华留学生的管理职能(包括招生、教务、日常事务)、后勤服务等方面的职责,同时要完成本院学生的教学组织与各项管理。学校通过对综合学院在学费、留学生宿舍(或餐厅)的经营所得实行独立结算、按比例提成的经济承包激励机制,极大地提高了学院的积极性,留学生教育的规模和效益有了迅速发展。

第二,综合学院管理模式的局限与不足。作为与学校其他二级学院平行的教学学院,综合学院除了教学任务,还兼具一定的职能部门的功能,这种运动员兼裁判员的双重身份,在为其带来极大便利的同时,也使其处于尴尬的境地。综合学院规模通常较大,下级部门很多,行政方面包括了学院行政事务部门、招生部门、留学生日常事务部门、各类项目管理部门、汉语言学院事务部门等;教学与师资方面,除了满足汉语专业相关的学位生教育的正式师资人员与科研人员,还包括大量来自校外的兼职人员,使得学院教职员工构成极其复杂,很难实现管理与教学上的协调一致。综合学院与学校其他职能部门如国际处、教务处、研究生院、学生处、后勤部门之间存在着工作职责上的重复与交叉,这种结构性问题的显现,造成了管理上的越位与缺位并存,极易出现相互之间推诿扯皮现象,机构重复设置,权责归属不清,难免导致资源浪费,不利于学校整体管理水平的提升。

此外,由于受到来华留学生生源的限制,以及短、平、快地追求扩大数量和提高部门的经济效益,同时要便于管理,综合学院往往以大量吸引和招收汉语及少数专业的来华留学生和举办汉语短期班为主,忽略了其他平行学院各专业、各类留学生的发展,导致学校在留学生数量和规模不断扩大的同时,留学生层次却无法同步提升,甚至下降。这对于高校来说无疑是浪费了优质的教育资源,且不能达到以提高留学生所占比例来实现国际化办学的目标。

作为学校的二级学院,国际学院在职能上强在对学院内留学生的教学与日常管理,却弱在对学校留学生教育发展工作的全局把握与动态协调。综合学院的模式难以协调与整合学校各职能部门、各学院的资源来推进学校各学院与专业及各层次留学生教育管理的整体发展。同时,绝大多数留学生集中于一个学院,无法实现校园国际化氛围的营造并提供在校中外学生跨文化交流的机会。曾经一度收效显著的综合学院管理模式在实践中也遭遇了发展"瓶颈"。

三、管理者能力素质与实际需求存在差距

在当前我国高校留学生事务管理实践中,管理人员还被广泛地称为"留管干部"(留学生管理干部)。从更专业的学生事务管理角度来看,应该转变观念,与时俱进,改变旧的提法,以更客观、更科学的"留学生事务管理者"替代之。

（1）留学生事务管理者缺乏对自身角色的科学性认知与精确定位

第一，留学生事务管理者的角色定位。管理者应对自身角色精确定位，否则会使整个工作系统出现指导方向上的偏差。教育的目的是培养全面发展的学生，而管理的任务就是为实现学生的全面发展而服务。因此，留学生事务管理者要对自己在整个管理过程中不同阶段的角色有清醒的认识。

专业的留学生事务管理者应该具备教育者、领导者和管理者的职能。作为教育者，必须行使管理院校的职能，并积极坚定地投入促进个体和院校发展的工作中。作为领导者，则必须从人力、物力、财政环境中整合资源，帮助学生在思想、身体、性格方面取得发展。作为管理者，必须时刻监督各种资源的使用状况，确保实现组织机构的目标。

第二，留学生事务管理者的知识结构。留学生事务管理是一项综合性的系统工程，整个管理过程涉及政治、经济、文化、管理、语言、心理、外事等多专业、多门类、多学科的知识。这就要求留学生事务管理者具备更多样、更合理的知识结构。否则，单一的知识结构和管理方法会使整个留学生事务管理过程单一、单调、刻板、僵硬、缺乏灵活性。

第三，管理者的专业化水平不高，知识结构有待拓展，学历层次不能达到管理实践要求的水平，管理方式方法过于陈旧，主要是依靠经验进行管理，留学生服务工作中还存在着许多主观臆断的东西，没有先进的专业理论做支撑。

实践中的诸多问题反映出留学生事务管理者的知识结构、年龄结构、性别结构，学历层次均有待进一步调整与提升。虽然实践经验不可忽视，但是，如果有先进的专业理论基础作支撑，则能更好地促进留学生事务管理工作整体水平的提高。上述问题得不到妥善解决，将会直接制约留学生事务管理水平的整体发展。因此，在人员调整上，应该选择具备更高理论层次的管理学相关专业的硕士、博士来充实到留学生事务管理工作的一线。整体而言，他们因为接受过理论的系统学习从而具备更强的接受能力与持续不断的学习能力，在面对新事物时能够迅速理解、内化并与自身知识结构相融合，并通过一定的方式将自身的能力展现出来，赢得留学生的认可与信任，更有效地推动工作的顺利进行。

此外，因为有扎实的科学理论作基础，高学历的管理者在从事管理工作的同时还可以进行学术上的探讨与研究，有意识地发现管理工作中存在的问题并寻求问题的"诊断性""对策性"思考，从而实现留学生事务管理工作理论与实践的良好结合与整体推进。

（2）留学生事务管理者的管理水平与实践要求存在差距

目前，国内高校的留学生事务管理部门在人员选聘上存在着一定问题，主要体现在以下几个方面。

第一，缺乏职业化的人员聘任制度。高校尽管有公开招聘、组织推荐等方式，但对于选聘人员是否具有相关学科基础与工作技能却缺乏明确的标准和程序。留用的留学生事务管理者没有经过相应的专业培训或培训不规范就上岗，有些工作人员由于不具备岗位所要求的专业知识和技能而无法完成任务，甚至给工作对象造成消极影响或耽误工作进度。

第二，缺乏常规的人员从业培训体系以及成熟的人员管理体系和健全的奖惩机制。大部分高校都制定了留学生事务管理的考核条例，但是由于缺乏科学的判断，对工作绩效缺乏合理的考核依据，直接导致留学生事务管理者对从事本职工作的归属感缺失。

人员配置方面的问题，主要表现在以下几个方面。

第一，从中国高校留学生事务管理的实际来看，多数高校的留学生事务管理者所具备的能力与实践要求相去甚远。笔者通过对不同地区具有代表性的四所不同高校的调查发现，四所高校从事留学生事务管理工作的61人中，有55.74%的管理者是本科及以下学历水平；24.59%的管理者是理工科专业的本科留校学生；54.1%的管理者是外语等语言相关专业，具有管理学、行政管理学专业背景的管理者仅占13.11%左右。这样的知识结构成为制约管理水平进一步提升的"瓶颈"。

第二，从留学生事务管理人员的年龄结构层次上来看，管理人员年龄结构分布不均，呈现两头大、中间小的两极分化态势，新老交替工作形势严峻。这样的年龄结构致使管理者内部常常出现信息沟通与交流脱节的现象，整个管理过程刻板僵硬。

第三，从人力资源管理角度来看，一个机构的人员配置须坚持合理的性别比例，这是营造轻松和谐的工作氛围，充分发挥人力资源潜能的关键所在。然而，多数高校的留学生事务管理部门并没有实现科学的人员配置。

实践中的诸多问题反映出留学生事务管理者的学历层次、知识结构、年龄结构、人员性别结构均有待进一步调整与提升。虽然实践经验不可忽视，但是，没有先进的专业理论基础作支撑,留学生事务管理者专业化水平的提升必然受到限制。

第二节 多元化时代背景下
来华留学生事务管理的变革期待

我国高等教育国际化水平的不断提升,吸引了越来越多的外国留学生来华进行长期学历学习、短期语言学习或访问学习,留学生的数量近年来呈现规模化激增的趋势。变革留学生事务管理模式需要针对留学生群体多元化的特征,打破旧的教育资源分布格局,突破滞后的管理理念,积极借鉴先进的跨文化管理理论,在多元化的时代背景下,实现留学生事务管理模式、体制机制的科学化变革。

跨文化适应首先表现在留学生社会交往方面。其次表现在负责留学生事务的管理职能部门和留学生之间的管理与被管理的关系上。最后表现在教与学的关系上。中国的教学方法和理念与留学生在本国接受的往往存在非常大的差别。

美国人类学家奥博格提出"文化休克"的概念,用以说明一个人进入不熟悉的文化环境时,因失去自己熟悉的所有社会交流符号与手段而产生的一种迷失、疑惑、排斥甚至恐惧的感觉。当一个长期生活于自己母国文化中的人突然来到另一种完全相异的新的文化环境中时,其在一段时间内常常会出现这种文化休克的现象。来华留学生在公共环境、日常生活、教育管理、人际交往适应方面普遍存在困难,无法适应学校"家长式"的严格管束,这就是通常意义上所面临的由文化休克引发的"跨文化适应"问题。跨文化适应是每一个来华留学生必须经历的阶段和过程,许多问题就是在这一过程中凸显出来的。

一、文化休克引发留学生心理亚健康问题

来华留学生初到中国,由于社会制度、文化背景、思想观念、风俗习惯的差异,会因为失去原来熟悉的文化环境而在生理、心理、学习、生活中产生诸多不适,也会因为无所适从而引发抑郁、孤独无助等负面情绪。他们常常会感到自己没有受到足够的重视而苦恼失意,因为无从诉说而长时间沉浸在浓重的乡愁情绪中无法自拔,严重的甚至引发心理、生理疾病。还有很多留学生因为在情感上受到极大冲击

而逐渐走向孤僻,对这种异质文化环境极为厌恶和排斥,以一种愤愤不平的态度审视中国社会和中国文化。

美国文化人类学家卡尔维罗·奥博格用"文化休克"一词描述这种"突然失去所熟悉的社会交往符号和特征,对于对方的社会符号不熟悉而产生的一种突如其来的忧虑和无所适从的深度焦虑,就像突然离开自己生长的文化茧壳一样的一种很不舒服而且不适应的感觉"。人们习惯认为文化休克是负面的、消极的经历。但实际上,它是个人在文化系统中开始发生转变的起点。奥地利人本心理学家阿尔弗雷德·阿德勒(Alfred Adler)在《文化休克与跨文化学习经历》一书中指出:"文化休克是一种深刻的学习经历,导致较高程度的自我意识和个性成长。不应该把文化休克看作是一种疾病,把对异质文化适应看作是跨文化学习经历的核心。"

初到中国的留学生往往会因为文化休克产生的种种心理不适而把自己封闭起来,拒绝和同胞以外的人进行沟通,这让留学生事务管理者无从准确探知其内心的真实情感和生活上的真正需求,给留学生事务的管理工作带来了诸多困难和问题。因此,来华留学生事务管理者应该密切关注并帮助留学生正确认识文化休克现象,帮助他们及时消除情感上和心理上的障碍,避免不良的心理倾向在留学生群体中蔓延。

二、公共环境差异导致留学生生活交往困惑

第一,在来华初期,留学生普遍不能适应中国的饮食和日常生活习惯。留学生常常抱怨中国的饮食过于油腻,在外出打车时遭遇黑车困扰,购物时被小商贩欺骗,甚至在有些时候遭受异样的眼光。有学生对少数中国人在冬天为宠物穿上御寒衣物的现象感到诧异。还有学生对中国男性见面时相互敬烟的做法极其不解,他们说:"明明知道吸烟有害健康,人们在见面时还这样做,真不知道这是为什么。"这些现象足以说明留学生在来华初期对中国文化的了解还不够充分,在此情况下,需要留学生事务管理者的积极配合,扮演好留学生来华初期生活导师与文化引路人的角色。

来自德国亚琛工业大学的短期交流研究生雅恩在访谈中告诉我,他不理解为什么主人要给宠物狗穿上五颜六色的衣服,他们本身长着厚厚的皮毛,足够抵御冬天的寒冷。这样做仅仅是为了好看,还是因为其他的原因呢?

第二,留学生不能理解中国人的思维模式和行为方式。在多数留学生的文化

传统中,直来直去、直截了当地表达自己的意见是惯常的做法,他们认为中国人总是喜欢拐弯抹角,不干脆,不能说到做到,常常会把中国人为人处世的委婉和含蓄误解为虚伪与口是心非。

三、语言障碍影响来华留学生的学术参与

留学生来华之初,心理上和生活中的不适都会成为影响学习的直接或间接因素。"掌握汉语工具是留学生学好专业的首要条件",留学生在学习上最大的困难莫过于语言交流上存在障碍。语言上的困难不仅阻碍着留学生的日常生活,而且影响到他们的学习兴趣、学习效果和学术参与。语言不通是短期进修生群体中最突出的问题之一。尽管"中国政府奖学金留学生"在进入专业课程学习之前会进行一年或者两年的汉语预科学习。然而,调查结果却不容乐观,虽然这些学生已经有了一定的汉语基础,但是与专业课的汉语要求还存在一定的差距,不足以保证留学生进行深入的专业学习。留学生在"汉语水平与专业课学习状况"调查问卷中的反应令人担忧,某高校参与问卷调查的150名政府奖学金留学生中,60%的人认为"我的汉语不太好。留学生的专业课程太难",20%的留学生感觉"我的汉语水平不错。专业课不太难,能够理解,但是内容过于单调陈旧,一点儿也不实用",10%的留学生认为"我的汉语水平很差,专业课很无聊,听不懂,不喜欢",还有10%的留学生的回答是"不知道,没感觉"。

有学生专门在问卷上写道:"我对中国传统历史文化很感兴趣,可是,学校没有为我们设立专门的中国历史课,也没有专门针对留学生的通俗易懂的课外读物和光碟。课堂的时间非常短暂,老师只是在简单地讲解,没有视频帮助我们加深理解,觉得学的东西越来越难。我对在中国的学习越来越没有信心,也不知道该怎么办。"

该问卷结果来自高级汉语班的一位比利时学生,调查问卷进行的时候,恰逢他们在课堂上学习精读课"林黛玉进贾府",书上是密密麻麻的文言文字,没有一幅图片,也没有相关影音视频辅助教学,这给留学生对课文内容的理解带来了很大的困难和压力。

留学生这样的反馈让我们不得不重新审视当前留学生汉语水平对专业课程学习状况的影响。怎样提高留学生汉语水平、改善课程设置、改变教学方式以提升留学生学习的兴趣与学术参与热情,成为留学生教学与管理中不得不进一步关注的问题。

四、留学生对高校学生事务管理理念与方式的理解存在偏差

在中国传统的价值观念中,历来强调集体主义的重要性,强调群体依存,在集体行动中,强调团体行为的一致性;强调尊师重教,认为"严师出高徒""一日为师,终身为父"。在学校教育与管理中,作为老师,对学生要求越严格,意味着对学生的关爱程度越深,而且,这种严格管教不仅仅要体现在学习上,在生活方面也要加以约束。然而,在留学生们既有的文化传统与价值观中,特别是来自欧美的学生大多信奉个人主义的价值观,团体意识与集体观念淡薄,纪律性差,更强调个人。

留学生们看重权利和自由,他们不喜欢被管束,更加注重个人的探索与体验。在处理与他人、集体的关系时,更加推崇个人的价值。他们更多地把留学生事务管理者的管理工作看作是为他们提供的服务,在此意义上,这种服务应该是充满人文气息的呵护与关怀,而不是把法令制度当教条的命令与支配。在这一过程中,管理者与学生在地位上应该是对等的。如果管理者的态度不好就会被视作不负责任,被认为是因为个人原因影响到工作,是与西方社会"公私分明"的价值观念相悖的。

事实上,由于学生事务管理人员有限,留学生数量又不断地增加,管理人员无法在短时间内充分掌握每一位留学生的信息并保证每一件事都能够完全达到留学生的要求。来华留学生事务管理者往往承受着巨大的工作压力,他们不能确保自己在每时每刻都为留学生提供满意的服务,偶尔无意间的失误就会被留学生认为是常态而被无限放大,留学生与管理者之间的误会因此一步步加深。

诸如此类的交往困惑比比皆是。由于价值观念与文化传统的差异,留学生在对中国的认识上存在先入为主的主观臆断性,客观上难免存在一定的偏差。来华留学生事务管理者应该充分认识到这一现象的合理性,在工作中因时制宜地对其进行及时的解释、纠正与引导,以避免误会的产生。否则,这些偏差带给他们的交往困惑将会越积越深,直至影响到他们对中国实际全面客观的认识。

留学生在课堂内外的观察之细致让人惊叹,而他们遇到的疑问有时也总会让人感到无所适从。如果能够及时加以正确的解释与引导,他们的不解就会很快消释,一旦不能得到合理的答案,他们的不解就会越积越深,甚至影响到留学生对我国社会现状的整体性判断。而这样细微的工作也恰恰是留学生事务管理工作者目前所欠缺的。

　　此外,当留学生事务管理者出于严肃学风的考虑,要求留学生如果不能上课应该向老师请假,外出长途旅行应先告知所去的时间、地点,公寓内不能豢养宠物,以及定期抽查宿舍卫生等,出于安全保护意识在将要放假的时候要求学生向留学生办公室提供假期的活动安排以及联系人、联系方式等,在中国学生看来是教师关心学生、认真负责的表现,在他们看来却认为这是在侵犯他们的隐私,因此表现出极其强烈的不解与反感。

　　上述种种以"特殊照顾"为主要特征的"特殊化"管理模式在实践中显现出的诸多不足与弊端,显然已经无法适应高等教育国际化发展的需求,迫切需要在探寻新的模式的道路上实现重要突破。管理者虽然已经意识到了问题的存在并且在管理方式方法上有了新的尝试,但是还没有从根本上完全实现理念的转变与创新,"多元化""跨文化"的基本理念还有待进一步深化。

　　留学生作为高校学生主体中一个特殊的群体,其管理过程在遵循学生事务管理一般规律的基础上,又有着自身独有的特点。针对留学生群体本身与国内学生群体的差异性,高校留学生事务管理部门应该有一套独具特色的管理理念、体制机制、方法模式。

　　跨文化管理本身不但具备管理的各种特点,由于管理对象的多元化特征,使得来华留学生事务的跨文化管理具有了不同于企业与其他管理领域的特殊性——时刻关注并强调用文化差异意识引领管理全过程,这是留学生事务跨文化管理的核心与关键。

第八章
跨文化背景下高校来华留学生教育管理问题的解决对策

国际教育是跨文化教育,跨文化是异质文化群体间的传播,是跨越文化差异的传播,是在特定异质文化间实现意义共享的传播。来华留学生是国际教育的主体,在对其教育管理中不可避免地需要考虑和面对文化差异所造成的影响和潜在的作用。根据我国国际教育的发展历程来看,国家、地方、高校三位一体的管理模式意味着国家和地方政府更多是发挥指导和监督作用,高校则是教育管理的主力军。作为深入接触来华留学生的高校,其本质任务就是提供和创建教育管理的大环境。教育生态学指出,教育应促进系统内部各个成分和谐共生,其中人应该为发展核心。因此,本章承接前文的成因分析,以来华留学生和教育管理人员为抓手,提出为了更好地促进来华留学生各方面的教育管理,高校应在充分考虑教育对象的特殊性,多渠道了解来华留学生群体对教育管理的看法和期待的前提下,以跨文化意识为指导,强化教育管理环境的建设,理念环境、制度环境、管理体系环境、师资环境等,只有具备科学合理的教育环境,才能真正提供适宜师生双主体需要的教育管理,才能提升教育管理的针对性,才能进一步积极引导来华留学生自身的提升与发展。同时指出跨文化服务性意识的树立并非意味着高校教育管理要因来华留学生的特殊而无限宽容,而是要在尊重来华留学生的基础上,引导来华留学生转变自身思想,尊重当地文化差异,主动提升个人素质,加强交流,克服对教育管理的不良适应,实现留学目的。

第一节 明确国际教育定位,增强跨文化服务意识

20世纪下半叶,加强国际教育交流与合作已经成为我国高等教育发展不可逆转的趋势之一,包括欧美发达国家在内的世界各国,争先通过增设国际化课程,构

建国际化网络教育平台,开通学业、学分相互认证等方式加大国际人才流动与培养,把人才竞争扩展到国力竞争范围。做大做好做优国际教育,不仅能够提升国家竞争力,促进高等教育朝更高水平发展,也是引进先进文化、弘扬中华文化、丰富世界文化的优选途径。

高校应充分重视来华留学生的教育管理,从上到下积极参与到国际教育中去,避免因差异而造成的教育管理失衡。来华留学生的教育管理虽不是高校的主要工作,但也是高校不可忽视的重要工作,高校的高水平发展离不开来华留学生的教育。为做好国际教育工作,从高校领导层次开始,必须充分重视国际教育的重要性,明确国际教育在发展高等教育、弘扬本民族文化中不可忽视的重要地位,带动全校各级各类单位一线教师管理队伍以积极的工作态度、认真负责的工作作风、与本国学生教育管理的一视同仁,做好来华留学生的招生、教学、日常管理等工作,保证国际教育工作有序高质进行。在访谈中,多名辅导员建议,应积极推动二级专业学院在来华留学生的教育管理中的参与度,加强主动交流与沟通。高校应始终坚持跨文化理念,提高教育管理的服务意识,营造多样而和谐的教育文化环境。面对文化背景多样的来华留学生,高校应该摒弃因追求管理简单方便而实施统一化管理的工作理念,避免以权威打压管理的行为,提升跨文化教育管理意识,以来华留学生为本,尊重来华留学生的文化特点和文化尊严,深入了解其所在国家和民族的文化背景,积极创造国际化的语言文化环境,发挥情感因素在教育管理中的作用,将强制管束的"硬管理"转变为纪律规范、说服教育、帮扶服务兼而有之的"软管理",增强来华留学生归属感,从而提高其对高校教育管理的理解认同。归根结底,高校教育管理工作的目的不是简单完成教育管理任务,而是培养一批知华、爱华、友华的国际学子。

学校教育环境由精神文化、制度文化、环境设施等各个要素构成,其中精神文化是核心,是不竭的内在动力。高校想要做好来华留学生的教育,提升国际化教育水平,就必须坚持正确的教育理念,营造积极的校园文化氛围,正确的教育理念才能科学地指导教育实践,积极的校园文化氛围才能感染人心,加强凝聚力,并使其贯穿教育的每个环节,最终使来华留学生更好地适应在华生活,配合高校的教育管理,全面正确地理解和吸收中华文化。

第二节 审视教育管理发展历程,加大国际经验借鉴

文化交流与融合是世界文化发展的大趋势,一所大学的国际交流与合作的规模与水平,将是影响它在21世纪国际地位和大学开放度的重要标志。我国国际教育发展起步较晚,新中国成立以后才开始招收第一批来华留学生。70年的教育管理探索,我国的来华留学生在学生数量、来源地、招生专业、学历层次等多个方面不断丰富扩展,针对来华留学生的教育管理模式也由教育部统一扎口管理转变为教育部、地方政府、高校三级分级管理。地方,尤其是高校在国际教育上有了一定的自主权,这些转变与探索对今后的国际教育发展仍有较大的指导性。但相比之下,美国、英国等教育发展强国,已在长期的实践探索中,形成各具特色的成熟的国际教育模式,对我国进一步改善国际教育管理质量具有一定的借鉴意义。

美国是世界留学强国之一,它以严格的入学准入标准、优质的教育资源、开放包容的教育环境,培养出众多世界闻名的国际化人才。Education USA 是美国最具有威信力的留学教育咨询机构,该机构充分利用互联网技术,建立了一个遍布全球170多个国家的咨询网点,从学生的招生申请、录取跟踪、费用支付、签证办理到校园介绍等各个环节,用十几种语言为来美学生提供咨询和服务。美国高校招收学生的标准较高,各大高校以学业成绩为主要标准,课外活动参与情况为辅助标准,严格把握生源质量。学业成绩涵盖语言能力(雅思或托福)、前一阶段学业成绩以及 ACT 测试成绩三大部分,综合考量学生语言、阅读、数理等各方面能力。美国高校的奖学金和就业具有较大的开放性,除了基本奖学金,学校还提供兼职服务和其他服务咨询,学生也可申请在校或毕业工作实习,实习优异者可以通过用人公司获得工作签证。

英国作为世界第二大留学国,为吸引海外学生来英留学,拓宽留学渠道,英国社会和高校充分重视留学预科教育,学生可以通过高校自主开展的预科班提前进入英国高校学习,为专业学习做准备。负责预科教学的教师一般由高校资深教师组成,学生通过社会开办的预科教育先行学习语言等课程,通过考核后继续申请专业学习。英国高校对学生的学习纪律要求甚严,学生出勤与签证挂钩,缺课达到一定数量,签证局拒绝延期,缺课情况严重者,将面临取消签证的惩罚。但满足学习条件的学生也享有一定的签证宽松政策,高校为部分研究生学生简化签证办理程

序,毕业后仍享有6个月留英时间;英国的师资队伍较为国际化和综合化,除本地教师外,还聘请较多外籍优秀教师任教;英国政府支持学生勤工助学,在英国留学的自费学生,每周有20个小时的合法兼职时间。除此之外,学生还可以享受高校、社区等提供的各种福利待遇,如旅游服务,共享图书馆,做客当地家庭。

除英美两国外,澳大利亚专门设立法律以保证来澳留学生留学基本权益,设立多个第三方机构作为监督机构评估开办国际教育机构的相关办学资质,以保证来澳留学生培养质量;法国为来法留学生提供学费、交通、就医等方面的"国民待遇";德国允许来德留学生兼职,且有受法律保护的最低工资标准。

参考世界高等教育发展大国的国际教育经验,我国高等院校应正视自身发展的优势与不足,以开放包容的态度,不断思考和学习其有益的教育管理做法。如在招生管理方面,我国高校应该适当提高各方面录取和审核标准,针对学生不同的语言和专业,分别对语言水平、前一阶段学业成绩、学生思想品质、身体素质等方面做出不同层次的要求;在教育教学上,任课教师应该严格要求来华留学生的上课出勤记录,借鉴将学业与签证挂钩的做法,提高来华留学生的紧迫感;在日常生活和就业方面,根据高校当地实际情况,适度给予学生兼职机会。

在访谈的教师人员中,有一部分教师有如下类似观点,"来华留学生都是有钱才来留学的,是一个普遍错误的认知,至少我周围的人都这样认为。我们的学校不像北京上海等地的高校,多数学生经济水平较差,有的学生学习也挺努力,但是拿不到奖学金,家庭又处于战乱地区,学费生活费都分多次缴纳,甚至欠费。高校要考虑适当给予这类学生勤工俭学的机会""我认为每个学校或多或少都存在这样一批学生,他们在学习上比较轻松,空余下来的时间比较多。但我们市是不允许来华留学生拿学习签证工作的,我觉得,对于这个问题,可以像其他地区学习,适当放宽要求,这样一方面缓解了学生的压力,另一方面充实他们的生活,同时是减少学生问题可尝试的办法。如果我们的学生每天都有很多课业,很多校园活动,再加上兼职赚钱,那他们很难再有时间惹事"。因此,被访教师在分享兼职就业相关建议外,也提示在国际经验或是优秀高校经验借鉴的同时,高校应充分结合地区特色及高校自身的发展情况,避免直接性的套用,应融合转化,探索出更加优质和可行的教育管理手段。

第三节 完善制度建设,厘清教育管理体系,落实监督

我国普通高校的招生教学自上而下具有一套完整而清晰的管理体系,各环节工作的开展都具备相应的制度保障,而来华留学生的教育管理相对零散,且程度参差不齐。

做好来华留学生教育管理,必须完善招生、教学、生活管理制度建设,弥补教育管理漏洞,提升政策适应性。来华留学生的制度建设应充分借鉴本国学生管理经验,在充分考虑来华留学生的群体特点的前提下,根据实际情况,在来华留学生的入学条件、修业年限、学籍注册、培养方案、学位认证、住宿管理、日常活动、签证办理等各个方面建立一套完整系统的制度,提升其系统性、科学性、可行性,避免直接照搬本国学生的教育管理制度,或因相关制度的缺少或不适应而导致的制度流于文字和形式,无法充分发挥其实际规范和指导作用。

做好来华留学生教育管理,必须理顺工作思路和流程,明确岗位职责,建立国际学院、教务部、专业学院、总务部等多个部门协同合作的互动管理体系。高校的来华留学生管理体系混乱不清,各部门推诿扯皮,问题解决周期长是国际教育实际开展过程中的重要问题。如负责日常管理的部门不了解招生部门制定的奖学金政策,而导致在校奖学金评选冲突,或学费标准报送误差;专业学院与日常管理学院制定的院规标准不一致,在对学生的处罚中有漏洞可钻,难以使其信服。同时,教育管理人员多为学生问题的"消防员",将过多时间和精力用于问题发生后的补救,而无心集中于工作的规划和反思。高校应在坚持多个部门协同合作的原则下,首先明确各部门及各部门内部人员岗位职责,规范工作流程和要求,而后搭建以互联网技术为支撑的网络沟通平台,加强信息流动和不同岗位教师间的沟通,做到职责到人,信息发布、交流沟通及时到位,形成多元互动、规范有序的教育管理体系。

做好来华留学生教育管理,必须兼顾过程监督和结果监督。加强监督是确保教育管理人员工作投入度,提升工作积极性的必要措施,尤其是需要多部门联动合作的工作。加强过程监督,就是要提醒教育管理人员面对以复杂性和多样性为突出特点的国际教育工作,不仅要保证足够的时间投入,还要保证足够的精力投入和情感投入,主动反思,提高工作质量;加强结果监督,就是要警醒教育管理人员要树立正确的工作态度,饱含工作热情,明确岗位责任,做好本职工作。

随着来华留学生的不断增多,国际教育事业的复杂性和艰巨性日渐突出,要做好来华留学生的教育管理,必须对教育管理的各个环节从制度建设、管理体系上做到系统化和规范化,并落实监督,以避免人心不齐,工作一盘散沙的局面。

第四节 加强国际化师资队伍建设,提升教育管理专业能力

高校良好的国际教育发展不仅依托良好的教育管理氛围、健全的教育管理制度,清晰的教育管理体系,还依赖一批具有高水平职业道德素质、教育教学组织能力、健全人格的教育管理人员,即能够坚持跨文化意识,运用国际化思维,以积极的教育管理态度、专业的教育管理技能,灵活的教育管理方法进行国际化教育管理的教师和留管人员。

高校应适当提高教师应聘门槛,保证教师队伍质量。教师是教育教学的设计者和实施者,做好本国教师队伍建设是管理好、教好学生的前提。高校应明确国际化师资队伍的职业标准,除基本的职业道德素养和组织管理能力外,应着重考虑教师的海外学习背景、外语语言水平、沟通表达能力、实际工作经验等,为培养一批理念先进、思维活跃、具有教育机智的青年教师队伍打下基础。

高校应加大引进海外人才的力度,实现教师队伍多元化。在欧美等发达国家的高校中,外籍教师数量广泛,甚至超过本校在籍教师,而我国高校教师队伍除从事英文教学的外籍教师外,其余基本上均为本国教师。我国高校一方面应努力提高自身教育科研水平,提升自身国际影响力和知名度,另一方面应通过院校合作、优化工作待遇、定向人才跟踪等多种途径招揽优秀外籍教师留华任教。同时,充分关注在校来华留学生的教育培养,挖掘其中可用的优质高等人才,定期跟踪已经毕业的来华留学生校友,推进优秀国际校友返校任教及其在引进国际人才资源上的作用。

高校应定期安排相关人员培训学习,促进教师专业化成长。入职和在职培训是促进教师管理人员从新手转变为专家的重要途径。高校可以通过组织专业培训,举办主题讲座、开展国外进修等方式加强教师管理人员的理论学习;通过院校调研、交流研讨等方式加强教师实践经验的累积和反思。同时,引导教师管理队伍做好自我教育,及时关注国家政策方针,学习最新管理思想,了解最新发展动态;树立其终身学习的观念,夯实理论基础,拓宽知识视野,反思实际经验,探索教育管理

规律;坚持跨文化理念,提升英语表达能力,根据教育管理对象灵活运用教育管理方法。

高校应充分关注后勤管理人员队伍建设,尤其是选拔配备一批具备基本素养,并适合负责来华留学生宿舍管理的宿管老师及管理人员。来华留学生住宿一般与本国学生分楼入住,因国籍多样,文化信仰或生活习惯复杂,不同国家学生之间的矛盾,与管理人员之间的语言障碍,追求个性自由与严格的宿舍管理制度的冲突等,都要求管理者应具备一定的沟通交流和问题处理能力。如访谈中涉及的例子,"我们学校新换了一批来华留学生宿管,一学期下来有很多学生反映,报给宿管的住宿问题迟迟没人来维修解决,咨询一些问题,直接告诉学生找辅导员,我的工作经常被这种琐碎的小事占据。在我看来,有语言障碍,理解困难合情合理,但是相关的宿管人员也得有基本的责任意识和工作态度""住宿问题一直都是老师关注的焦点,作为辅导员,我们也时常查宿舍。查宿舍时我们发现有一位宿管阿姨,不会说英语,但是和学生相处得十分融洽。查宿舍是她的日常,哪个同学住在哪,哪个同学又损坏了房间的设施,她都是第一时间了解,还苦口婆心的教育。日常生活中主动找学生聊天,教学生说地方话,还跟学生学习简单的英语。学生都很喜欢这个阿姨,放假回来都会给她带自己国家的特产。这就是大家学习的典范,我们也把她作为典型人物,用公众号宣传,供他人学习"。

来华留学生的教育管理复杂而多变。一个国内学生从入学到毕业,一名教师基本上可以熟悉整套的流程和操作,但对于来华留学生,从招生、教学到生活,不同环节对教师管理人员的要求和标准差异较大。招生环节涉及的沟通对象较多,如国家留学基金委、社会中介、出入境管理局、国外合作高校、各国大使馆等,同时,文件审核过程中甚至需要多国语言的应用;教学环节既要求教师具备较高的专业能力,又要求其掌握一定的语言能力和文化背景;生活管理涉及的领域更是广泛多样,学生日常事务的管理,规范的解释,社会事故的处理,甚至语言的帮扶解释等,琐碎费时,对教师管理人员的挑战也不容小觑。高校应充分重视来华留学生师资队伍的配备或培养,分领域有针对性地招揽和聘用,同时引导高校教师不断增强自身的业务素质和业务能力,广学习,多思考,才能调动工作积极因素,克服不利因素,多方面发挥教师作用,并形成教育影响的合力,解决不断发展变化的教育管理问题,保证教育管理效率和质量。

第五节 提升来华留学生自身素养,克服教育管理适应不良

一、树立合理预期,加强学习,增强生活适应性

来华留学生生活适应性问题是高校教育管理中最基础的问题,学生生活不适应,高校教育管理就存在后顾之忧。首先,为增强来华留学生生活适应性,高校应引导学生调整对客观环境的要求,树立合理生活预期,并加强学校基础设施建设。新生入学教育期间,高校可利用集体学习的机会向其进行校园基本环境与基本情况介绍,引导其关注校园精神文化,淡化物质追求。同时,在高校财力物力允许的范围内,在住宿、饮食、学习环境上尊重来华留学生文化生活习惯,加大对校园基础设施建设的投入,保证校内充足的住宿,做好校外的住宿跟踪,改善就餐环境,定期更新检查教学设施,加强文化场所和体育设施的建设。

其次,高校应积极搭建能够促使来华留学生加强学习、提升认识的渠道和平台,以减少因文化生活差异而带来的适应不良,缩短适应期。来华留学生生源多样,千差万别,有些学生个人素质和能力较好,能够快速地适应新环境,进入生活状态,有些学生心理素质和学习能力稍弱,经历较长时间仍局限于自己的生活圈,不知道如何与他人来往,如何展开学习。高校应引导学生用正确的态度看待不能正常生活造成的问题,引导学生以乐观积极的情绪处理问题,通过开设讲座或相关课程的方式教给学生解决生活适应不良和缓解压力的基本方法,鼓励他们增强自信。

最后,高校应充分关注来华留学生因适应不良而引起的各种生活困难和心理问题,做到发现问题及时,解决问题迅速。多数情况下,来华留学生是首次来华,来华之前对中国的文化生活了解也较少,面对一个陌生的语言文化新环境,产生迷茫无助的心理,出现各种生活问题,实属正常。高校应通过各种途径主动了解学生问题,也应该为来华留学生问题解决提供相应的途径,如召开新生座谈会,让学生集中反映自己的困惑和问题;举办新老留学生交流会,鼓励老留学生分享个人经验教训,使新留学生减少未来生活学习中不必要的弯路;设立心理咨询室,帮助学生进行必要的团体辅导或提供个人咨询。

在跨文化的学习情境下,来华留学生存在生活适应不良是一种广泛而常见的问题,生活文化的差异是长期形成的,也是根深蒂固的,高校在帮助来华留学生改

善自我,提高生活适应性的过程中,除做好必要的教育引导工作,还应该给留学生足够的适应时间,不可操之过急,否则不仅不能解决面临的问题,还会加重留学生的心理负担,给后续的教育管理带来更多不必要的冲突。

二、尊重文化差异,求同存异

文化差异是来华留学生教育管理中不可避免的问题之一,高校师生如何对待文化差异不仅影响着高校能否克服因文化差异带来的教育管理冲突,同时影响着高校能否利用因文化差异带来的文化交流与碰撞弘扬民族文化,丰富自身文化内涵。为实现这一目标,师生双方应从转变理念开始,接受文化差异,尊重文化差异,正确理解文化差异,积极地对待文化差异,做到求同存异。作为高校教师管理人员,应克服因偏见而导致的过分尊崇或歧视某一文化的极端态度,正视不同学生的文化身份,以包容的态度接纳每个学生的个性特点,以欣赏的眼光理解不同文化行为习惯,并对学生受到的文化冲击保持高度的敏感性,主动地帮助学生克服精神过渡期。作为来华留学生,应坚持"入乡随俗"的跨文化理念,做好感知和接受文化差异的心理准备,学习异质文化中积极有益的文化成分,自觉接受教师的引导和帮助,转变因思想和认知定势带来的长期和负面影响。

尊重文化差异,求同存异,还应积极开展校园文化活动,在情感陶冶和亲身实践中感知文化差异,领略不同文化的魅力。校园文化活动是文化交流与传播的载体,高校要积极开展以来华留学生为主体的文化活动,如国际文化节、民族文化展,提供学生展示各自文化特色的平台,给予来华留学生以文化关怀,增强其归属感,也给予本国师生了解来华留学生文化的机会。同时,高校还应该积极展开丰富的中华文化体验活动,如开办汉语角,促进来华留学生汉语会话水平提升;成立中外学生京剧、武术、剪纸、书法国画等主题社团,使来华留学生亲身体验中国传统文化和工艺;组织来华留学生参观博物馆、历史文化名城、民俗区,感知中华悠久的历史文化底蕴;举办系列文化讲座,让学生系统了解中华文化知识。正如访谈中的一位老师所说:"在日常管理中,很多时候出现问题并不是我们的管理方法或方式有什么错误,而是学生对于我们习以为常的管理规定不适应,不理解。如果硬性地告诉他你必须服从,很难克服这种思想的差异而落实我们的规定。更好的方法是通过日常生活的沟通或活动给予他们机会了解这些规定背后的初衷,思维方式或行为习惯。"

文化差异不是一朝一夕能够解决的问题,文化差异带来的教育管理问题也是长期性的。高校师生双方应共同做出努力,克服因文化差异而带来的矛盾,促使文化差异带来教育管理手段的创新,增强教育管理的相互理解和配合。

三、增进情感交流,淡化言行冲突

教育管理实质上也可以说是一种师生之间、生生之间的人际关系构成,这种良好的人际关系有赖于周围环境的促成,更依赖于彼此之间心理相容,情感融洽,有效深入沟通。亲其师,才能信其道。

首先,师生之间应扩大沟通交流的渠道,拓宽沟通交流的深度。当前,在来华留学生的教育管理中,除一线的辅导员以外,多数教育管理人员与学生的沟通仅限办公室的谈话和课堂上的教学。教师只了解学生的基本情况,其他信息很少知晓,学生碍于师生距离,也并不愿意主动与教师交谈。当问题出现时,教师无法了解学生问题背后真正的原因,难以把握分寸,对症下药地解决问题,学生也会认为教师不关心自己。在师生关系中,教师是促进交往和解决矛盾的关键人物,因此教师为更好地做好教育管理工作,除定期在办公室与学生谈话,在课堂中增加互动,增加其学习参与度外,还可以通过微信、QQ等通信软件,课余活动的开展等方式增加与学生交流的机会。沟通交流的内容除基本的学习、规范之外,还要深入学生日常生活,以平等的身份和高度的热情,像朋友一样了解他们的困难压力,分享他们的成功喜悦,关心他们的健康,关注他们的交往,只有充分地了解学生,才能理解他们的行为动机和思想动态,才能让学生感受到学校给予他们的关心关怀,才能拉近师生距离,深化师生感情,减少言语行为的冲突,促成双方在教育管理中的合作。

其次,来华留学生也应与中国学生建立更加和谐友好的同伴关系,增进理解,减少摩擦。一方面主动掌握跨文化交际的技巧和方法,走出自己习惯的语言文化环境,避免只与同国学生交往的倾向,广交朋友,增加与社会接触的机会的经历;另一方面,避免胆怯、偏见、保持距离的思想,以积极、冷静、耐心的态度面对生活学习上的小矛盾、小冲突,避免不必要的语言攻击和肢体冲突,努力尝试沟通交流,真诚地对待朋友及同学,积极融入周围环境。

第九章
高校来华留学生事务跨文化管理的实现路径

系统设计为高校来华留学生事务跨文化管理提供了科学可行的理论基础和前提条件,这种可行性只有借助恰当的"实现路径",才能实现整个管理活动的有效性和目的性。

在留学生跨文化管理领域,通过精确的跨文化定位,有效的跨文化沟通,积极的跨文化培训来实现留学生事务的趋同管理,不仅符合高等教育的基本精神,也契合国际化、多元化背景下的中国高校来华留学生事务管理的现状,更是本章的基本出发点和旨归。

第一节 来华留学生事务管理的跨文化沟通

清晰有效的沟通在跨文化交流的过程中尤为重要,在留学生事务管理过程中,沟通的重要性就更为明显。

一、跨文化沟通的界定

在管理学领域,关于"沟通"的界定性表述有多种,海因茨·韦里克和哈罗·德孔茨认为"沟通是信息从发送者到接收者的传递过程,而信息则是接收者所理解的信息"。理查德·达夫特把沟通定义为"两个或两个以上的人交流并理解信息的过程,其目的通常是激励或影响他人的行为"。加雷尔·琼斯、珍妮弗·乔治、查尔斯·希尔等认为"沟通是通过有意义的符号在一个人和另一个人之间进行信息的传递、交换以及理解,是两个或两个以上的人或组织为达成共识而进行的信息分享"。康青认为"沟通是人们通过语言和非语言方式传递并理解信息、知识的过程,是人们了解他人思想、情感、见解和价值观的一种双向途径"。

上述界定反映出沟通的两个基本特点:一是信息必须经过传递,二是信息必然双向互动。在这一层面上,留学生事务管理中的跨文化沟通则是指信息在不同文化背景的管理者与管理对象之间相互传递的过程,不同文化背景的双方在对信息的理解存在差异的过程中彼此影响。

管理是设计并保持一种良好的环境,使人们在群体状态下高效率地完成既定目标的过程,其核心是文化与价值的和谐体现。留学生事务的跨文化管理是在异质文化的沟通基础上进行的。

二、跨文化沟通的影响因素与基本原则

沟通是跨文化管理的必经阶段和重要过程,特别是涉及人际关系和重要事务的处理,无论是以书写、谈话、倾听还是网络的方式进行,都是管理者角色的核心,并且占据着管理者日常的大部分时间。明茨伯格的一项研究表明了语言沟通的重要性,他发现,大多数管理者日常50%～90%的时间是在同他人进行语言交流。因此,管理者沟通的能力与效率在很大程度上将决定留学生事务管理活动能否成功以及多元文化环境下的工作成果。事实上,沟通一词描绘的是信息交换的过程,是指通过语言、行动或物品等媒介进行信息传递的过程。信息接收者是否能够按照信息发布者的期待内涵将信息解读,对于沟通的结果是至关重要的。然而,信息在传递过程中往往被扭曲。由于信息的发送者与接收者双方分别处于相互独立的生活思想空间,这种空间建立在不同的文化、经验、关系、价值观等背景基础之上,因而人们通常会根据个人价值观或行为规范体系中的期望与感知对信息进行过滤或有选择的理解。沟通过程中,文化差异越大,这种错误解读的概率就越高。

跨文化沟通与一般沟通的不同在于沟通者双方的文化背景差异。传播心理学认为人们往往选择性地接受信息,只接受已经认同的信息。这种选择性接受与我们生活和社会中的信息过滤系统密切相关:个人的教育背景、社会环境、政治经济体掌握跨文化管理、跨文化沟通的内涵,就是要以相互尊重和相互包容作为最高原则,培养文化敏感性。这种文化敏感性在实践中要求沟通者认可文化差异是客观的,避免凭个人喜好来消除或拒绝;同时要欣赏差异,从被动接受或不良情绪看待这种差异转化为带着主动和积极的态度来看待这种差异,最后,利用文化的差异,使其成为解决问题的源泉或资源。具体方式方法上,有效的跨文化沟通必须遵守八条原则:阐明信息的目的性;使用通俗易懂的编码;征求别人的意见;考虑接收者

的需要;使用适当的语调和语言以确保可信度;得到反馈;考虑接收者的情绪和动机;聆听。

三、留学生事务管理中的有效跨文化沟通

跨文化沟通是指具有不同文化背景的成员和组织之间进行信息和情感相互交流的过程。实施有效的跨文化沟通有助于减少留学生与留学生事务管理者之间的文化差异,摆脱地域文化界限,化解沟通方面的冲突。跨文化沟通的实现需要借助思想观念的转变和策略的运用。有效实施跨文化沟通首先在于正确认识文化差异,尊重文化差异的存在,对双方的文化持有宽容的立场和积极的态度,摒弃旧有的"文化优越感",在沟通之前提早了解对方的文化禁忌,尽量避免触碰文化敏感领域。其次,要促使来自不同文化背景的双方互相理解、相互包容,求同存异。在文化差异无法去除的情况下,和谐的交流与沟通就有赖于管理者良好的冲突协调能力,尽力将矛盾降到最低。

在文化多元的环境中,有效的跨文化沟通技巧对于来华留学生事务管理者来说是至关重要的。原因在于不同国家或不同文化背景的人们在沟通中发生误解的概率要高于处在同一背景下的人们,认识到文化差异是如何反映在沟通中是非常重要的,特别是培养对文化的敏感性,并且足够灵活以调整沟通方式从而适应从众的方式,即"以他们的方式"交流。

跨文化沟通是来华留学生事务管理者必须具备的基本能力与素质,是其有效开展工作的基本前提。沟通中,留学生群体的不同文化背景不仅影响谈话对象、谈话主题以及谈话的过程,还决定着怎样对信息进行编码,决定着信息要传递的含义,发送信息、接收信息、解读信息的背景环境。事实上,所有的沟通行为都建立在各自的文化背景之上。文化是沟通的基础,文化的差异导致沟通行为的差别。

留学生在进行跨文化适应的过程中容易出现冲突,要对冲突进行有效调和就要求双方在不同的冲突环境中进行自我文化调整,能够有效地、恰当地以及富有创造性地与他人交流。同时,帮助留学生消除自我文化中心倾向。自我文化中心倾向是指人们容易站在自己的文化信仰、价值观和态度的立场来批评他人的文化习惯,这容易使人对群体和文化的多样性做出负面的评估,因而影响跨文化适应的过程。因此,在留学生教育管理过程中需重视这种倾向并及时化解,帮助留学生在教育及生活中避免这种倾向的影响。

留学生的跨文化适应是一个长期动态的过程,涉及政治、经济、文化、语言、心理等多个方面。留学生群体自身文化多样性的特点也要求留学生事务管理者不仅要熟悉跨文化管理的基础理论,还要具备更多样、更合理的知识结构并且深谙处事技巧,这样才能够在教育引导和管理中把握好原则和尺度,有的放矢,不卑不亢,有礼有节,坚持原则性与灵活性的统一。

做好留学生的跨文化适应引导,语言和沟通是最重要的两个因素。语言是沟通的基本工具,所以留学生管理人员必须具备沟通的语言能力,才能及时准确地传达信息,表达情感,有效地实现与留学生的交流。做好高校留学生管理部门与外国驻华使领馆之间信息沟通,保障交流的及时、通畅对于第一时间掌握留学生的动态也起着至关重要的作用。

为了进行有效的沟通,还必须不断强化留学生事务管理者"跨文化"的交际意识。军事上常用的"知己知彼,百战不殆"的思想,在跨文化交流中也同样适用。由于国家背景、思想观念、生活习惯、思维方式的差异,管理者必须对双方文化、政治、经济制度都有相当程度的了解,这样在具体工作实践中才可以与留学生开展积极有效的对话与沟通,具体问题具体分析,区别对待不同个体的不同问题或者是不同个体的相同问题。这就要求管理人员在具备跨文化的基本意识的同时还必须具备一定的专业知识,比如教育心理学、社会学、国家对外法律、礼仪知识等,这样才可以有的放矢地帮助留学生尽快适应在中国的学习与生活。学生事务管理者对留学生文化适应的引导,客观上也是一种对文化相互学习、相互适应的过程。《尚书·说命中》当中有这样的记载:"惟事事,乃其有备,有备无患",提示我们只有做好充分的前期准备,全面了解管理对象,在沟通过程中掌握与学生对话的艺术与学会倾听的技巧,用真诚的注视和微笑在第一时间拉近沟通双方的心理距离,才能使对方做出积极的回应,建立起沟通双方信任与合作的关系,为有效的沟通过程创造条件。

第二节 来华留学生事务管理者的跨文化培训

定期根据工作需要对来华留学生事务管理者进行必要的业务培训,是不断提升管理者理论水平、保持工作队伍具备持续不断的学习能力、实现工作队伍科学化与专业化的必要举措。实现跨文化管理的有效手段是跨文化培训。

跨文化培训(Cross-Cultural Training)是为实现留学生事务管理机构的战略目

标,提高管理人员的素质,运用系统培训手段,通过制定培训方案、实施培训、评价培训效果等方式的人员开发过程。针对留学生事务管理者进行的跨文化培训,目的是为留学生事务管理机构的整体战略服务,减少管理人员与留学生之间的文化冲突,提高工作实效,创造融洽和谐的文化氛围。

对管理人员进行跨文化培训是解决文化差异,搞好跨文化管理最基本、最有效的手段。跨文化培训的主要方法就是对一线留学生事务管理者进行文化敏感性训练。培养文化敏感性,是提高跨文化沟通能力和效果的前提和基础。一般来说,包括三个层面:认可文化差异是客观的,无法凭个人喜好来消除或拒绝;欣赏这种差异,从被动接收或带着不良情绪看待这种差异,转化为带着主动和积极乐观的态度来看待这种差异;利用文化差异,让差异成为解决问题的源泉和资源。

第一,文化教育。聘请专家以授课方式介绍留学生来源国文化的内涵与特征,指导管理者阅读有关留学生来源国文化的书籍和资料,丰富文化差异性相关知识。

第二,环境模拟。通过各种手段从不同侧面模拟留学生来源国的文化环境并有意识地按留学生自身文化的特点思考和行动,提高留学生来华初期的沟通效果。

第三,跨文化研究。通过学术研究和文化交流的形式,组织留学生事务管理者探讨留学生来源国文化的精髓及其对留学生的思想、行为的影响。这种培训方式可以促使管理者积极探讨留学生来源国文化,提高他们诊断和处理不同文化交融中疑难问题的能力。

第四,语言培训。语言是文化的一个非常重要的组成部分,语言交流与沟通是提高对不同文化适应能力的一条最有效的途径。语言培训不仅可使管理者掌握语言知识,还能使他们熟悉留学生来源国文化中特有的表达和交流方式,如手势、符号、礼节和习俗等,组织各种师生交流活动,让管理者与留学生、国内学生与留学生之间有更多接触和交流的机会。

第三节 来华留学生事务的趋同化管理

考虑到留学生的特点,有针对性地为他们服务已经成为各国公认的留学生管理思路。但一味"求异"会把留学生从校园生活中孤立出来,对他们的培养产生很多负面影响。所以,"存异求同"的趋同化管理就成为来华留学生事务跨文化管理的国际趋势。

趋同管理,前提是存在不同文化的交锋与碰撞,其背景是留学生具备的文化多样性与多元化背景,趋同管理不是无视文化差异性的简单同一性管理,而是要在管理中实现不同文化间的相互影响、相互适应的过程。在跨文化的管理制度下,留学生的不同文化背景被承认和被尊重,学生具备同等的机会了解和学习与自己不同的文化并使自己置身于多文化的学习环境中,不仅具有平等的学习机会,也具有平等的被评价的机会。

对多元文化背景下趋同管理的理解,我们可以从国外多元文化教育的发展历程中得到一些启示。兴起于20世纪六七十年代的西方国家民族的多元文化教育是一个运用相当广泛的概念,它包括教育信念、教育政策和实践。多元文化教育的根本目的是进行旨在改变整个教育环境的教育改革运动,以达到使来自不同人种、民族、社会集团和群体的学生都能够享有教育平等和学术均等的目的。今天,多元文化教育的任务更是提到了一个新的高度:帮助提高普通教育的全面质量。多元文化教育必须使年轻人对他们所生活的世界具有这样一种认识,即他们在保存对本民族文化认同的自豪感的同时,也发展他们对周围世界的深刻认识和了解,使他们具有充分参与社会生活的自信。多元文化教育不仅是单一的某种计划,一项课程的研究,或是对不同文化的理解和接受。多元文化教育是一个连续的、动态的过程,具有综合性、多方面性,对变化的环境具有巨大的适应性。撇开西方国家种族复兴运动方面的内容,单考察其中不同文化之间相互适应和满足不同文化的情感和认知的需要这方面的内容来说,西方多元文化教育的发展对我们今天的高等教育面临国际化的现实条件下如何实现来华留学生事务的跨文化管理还是有一定的借鉴意义的。

首先,管理模式上,中外学生趋同,尽可能将留学生纳入中国学生的教学与管理体系。例如,将网上选课、成绩自动查询、教学实习、社会实践等已经成熟的管理方法推广到留学生层面。很多学校担心留学生对教学计划缺乏了解,长期以来一直将留学生作为个案处理。手工选课、手工填报成绩加大了留学生教务人员的工作量,人为干预也增加了疏漏的概率。只有将留学生的教学管理切实与中国学生趋同,留学生群体才会感受到学校的"一视同仁",从而避免因为过分"区别对待"而产生的孤立感或是优越感。

其次,校内资源"趋同"共享是留学生事务跨文化管理的必然趋势。留学生来华学习,其第一身份是正式注册的在校学生,所以他们有权利、有资格享受学校的各种资源。尽管如此,在调查中,仍有一些学校在资源管理上实行"内外有别"的政策:文体娱乐设施、图书馆、网络等中国学生免费享有的资源对留学生却要收费提供。同时,也有学校的部分资源只对留学生提供,例如,在宿舍设置免费的厨房以方便留学生的饮食生活;提供免费的运动场地以方便其课外锻炼娱乐。这恰恰与国际化教育应该提倡相互交流的初衷背道而驰,客观上成为中外学生沟通与交流的人为障碍。

当今世界接受留学生人数较多的美国、德国、法国等,都对留学生与本土学生进行趋同管理,实行一体化服务。尤其是德国大学采取的"机构精简一体""学生管理高度自治""生活服务全面社会化"的模式值得我们学习借鉴,这也是我国留学生事务跨文化管理迈向国际化的必然发展方向。

切实做到"趋同管理",在实践中,要求管理者与学生之间建立起全面的认同与信任,在坚持原则性"趋同"的基础上,允许合理范围内的"个性"存在,避免生硬的"一刀切"以及借"趋同"之名,行"放任"之实。坚持"趋同原则",允许适度"个性与多样"。

趋同管理,让广大留学生在经历了学习之初短暂的休克之后,很快地产生一种"融入感",为其进一步更好更快适应新的学习和生活环境打下了基础,养成良好的生活习惯和具有独立自主的能力。

留学生在学习方面感受到来自中国学生的压力的同时,还能积极主动和他们接触,并在思维方式、生活习惯乃至文化传统等方面相互影响。对留学生事务的管理,应该着力强调办学目标和方向,切实坚持"以人为本",从管理制度到服务水平等方面创造有利于留学生健康成长的和谐环境,适当考虑重点难点科目的单独辅导与单独授课,建立中外学生间的"帮学"机制。

趋同管理是国际上通用的对留学生进行管理的一种方式,在英国、美国及欧盟高等教育区的历史中由来已久,在我国港澳台地区的学生事务管理实践中也是颇具成效。趋同管理主要是指在对外国留学生管理时,本着"公允、平等"原则,采取与本国学生相似或基本一致的规章制度和管理模式进行管理,在实践中,趋同管理主要涉及教学管理和课外管理方面。

教学管理的趋同是保证来华留学生教育质量提高的有效措施。来华留学生的教学与考核,应该尽量采取与中国学生一致的标准,这样培养出来的留学生,才能够具备较高的学术水平。当然,在实际教学过程中,由于留学生在语言上的差异,要求留学生完全符合中国学生的标准也是不现实的,需要有一个合理的契合点。也就是说,在实施留学生教学方面的趋同管理时,要在学术标准上实施趋同,在实际执行中可以依照实事求是的原则,适当考虑留学生的具体情况。

课外管理方面的趋同需要统一观念上的认识。学习期间,来华留学生不管其国籍如何、背景怎样,首先要明确其"学生"身份,其次才是"外国人"。这样,一方面要求按照学生的标准严格管理,另一方面又要根据不同的文化背景推行人性化的跨文化管理。趋同管理可以使留学生有更多的机会接触中国学生和中国社会,可以帮助留学生更深刻、更全面地认识中国,减少社会阴暗面给来华留学生带来的负面影响。

趋同管理不仅局限在学校范围内,还延伸到社会范围内。社会化的趋同管理主要由政府管理和社会服务所构成。申办居留证、勤工助学、医疗保险、公共福利、学生社团和社会活动均和政府管理有关;外事部门、教育主管部门、公安和安全部门、民政局、宗教局等政府部门代表国家行使对留学生的涉外、签证、治安、医疗、住宿、学生社团等社会活动的管理职能。

具体而言,在来华留学生事务跨文化的管理过程中,做到"趋同"管理,就要从以下方面细致开展工作。

(1) 吸纳留学生参与管理和服务过程,充分发挥"导生制"在留学生事务管理中的优势

导生,顾名思义,就是可以为学生做学习辅导和生活指导的学生。跨文化管理中的"导生制指导",类似心理学上的"朋辈辅导",就是吸收品学兼优的在校留学生作为管理队伍的组成部分,在实际管理中协助留学生事务管理者解决留学生群体中的各种问题。

美国、澳大利亚、新西兰等国的高校中除最高层的学校专职管理人员外,其下层的管理构架中均有相当比例的学生参与其中,留学生也不例外。学生间更便于沟通与交流,他们的参与使管理效率大幅提高,也有助于提高学生对学校的认同感和归属感。让留学生参与管理的另一个优势是能将语言障碍缩小到极致,他们感同身受的留学经验可以对新同学提出有益的建议,可以极大地缓解留学生异乡求学的孤独感,帮助他们更快地融入新的校园生活。尝试适当让留学生参与管理,充分发挥留学生语言优势,将为我们的留学生管理注入新的活力。

伴随留学热潮的涌来,留管人员的配备无法满足学校日益增长的留学生数量,

师资匮乏、设备和经费紧张已经成为留学生工作的巨大障碍。在这种状况下加强留学生的自我管理,探求一种"少投资,多出人"的管理组织形式也就势在必行。从在校高年级留学生中选取成绩优秀、品行素质好、善于沟通的同学,以国别为划分单位,由各国学生会牵头,以"一帮多"的形式担任新生的"导生",为新生答疑解惑,解决生活和学习上的不适应问题。在这些年长稳重、成绩优异的"导生"的帮助下,有效减少了新生对大学学习和生活环境的陌生感,使很多新生的学习和生活很快走上正轨,较快地完成学习模式和生活模式的转变。留管干部通过对导生的系统培训和定期见面有效快速了解学生思想、生活及学习困惑并施以畅捷有效的指导。这种模式获得认同的关键在于邀请高年级留学生担任教育管理工作,既对他们的思想品质和人际交往能力能进行有效提升,又为低年级学生提供了生动的成长参照。通常很多高年级留学生没有就业压力,拥有相对较多的空闲时间,充分动员他们参与教育管理工作,是对学校教育资源的合理发掘利用。

但是,相对于为数众多的留学生而言,导生的数目仍然是十分有限的,如何发掘和动员更多优秀学生参与导生制工作,怎样对导生群体介入的新学生工作网络实施体系化规范化管理,对导生群体的管理和指导又将怎样进行? 这些都为留学生管理工作提出了全新的课题。在新的时代格局下摸索导生制在留学生领域的实施,对于学校向国际化的迈进、留学生趋同管理的探索,都有着积极而广泛的意义。

首先,可使教育资源得到最大化利用。在社会主义市场经济体制进一步深化的格局下,大学面临来自国家、社会、家庭和大学生群体的多方期望,遭遇到越来越沉重的运营压力,尤其是在财政经费相对紧张的情势下,无法容纳数量较多的留学生事务管理者展开职业性工作,导生的出现填补了这一空白。在传统的留学生管理工作中,频繁约见学生谈话了解情况既大量占用着教师大量工作时间,还有可能引起学生的某种反感,而这对属于学生身份的导生而言,只不过是举手之劳,导生时时闪现在学生左右,能够自然而便捷地了解学生学习和思想动态,为大学管理者节省了大量的经济资源和沟通成本。

但是,必须予以注意的是,导生群体也在付出一定的劳动,对于他们的辛勤奉献,大学管理者必须通过补贴、荣誉等形式给予补偿和表扬,也可以通过建立职业延伸机制,将导生作为重点对象向该国大使馆推荐。

其次,可以形成多维元素的弹性管理。导生制应当在尊重留学生群体多元特征的前提下展开,积极鼓励导生运用他们认为合理的方式。导生体制开始逐步在各高校中国学生群体实行,实践证明其已在思想上、政治上更趋成熟与现实。而对于留学生群体,他们鲜明的多元特质决定了教育只有融于平等、合作式的沟通与交流才能发挥更大的作用;同时,这一群体尤其是"90后""00后",已经在充分掌握和支配网络与数码技术飞速发展的时代潮流,作为受教育者第一次全面摆脱了在信息交流中的弱势地位,他们藐视权威,渴求自主。面对这样的群体,唯一正确的选择不是去努力如何管理他们,而应该在充分尊重他们独立人格、独立意识、主体要求的前提下,因势利导,启发他们的自律、自觉、自警,培养他们的自我约束、自我管理、自我完善的能力。

导生在这方面同学生一样具有无差别的身份和心理习惯,无疑将在大学文化的构建和教育成长领域中发挥更为积极的作用。导生没有教师的身份与威严,也没有管理者相对于被管理者的强势地位,来自同一国家的同根同源性使他们与留学生有共同语言。以高年级学长身份出现,在管理工作中,他们很容易引起同学的仰慕、信服与尊敬。导生分管的是相同或相近专业的学生,作为成功的过来人,导生现身说法和专业引导更容易为同学接受,深得广大学生的认可。因此,留学生事务管理者应当积极鼓励导生运用他们喜欢的方式进行学习辅导和生活指导工作,对导生实施弹性管理策略,让导生成为留学生工作中最为鲜活和灵动的画卷。当今高等学校由于留学生事务管理者的匮乏,通常留学生管理部门要管理千余名左右留学生,学生个体存在差异,但是留学生事务管理者经常采用以开学典礼、入学教育为主的教育方式,显然与因材施教的观念大相径庭。导生制实施以后,留管辅导员工作方式以"面"为主,而导生以"点"为主,辅导员通过节点管理能够有效掌握学生学习成长全局,简化了工作层面,深化了教育效益。通过挑选一批综合素质好的高年级学生,对每个学生及时做出指导,从而使新生在进入大学后有一个良好的开端,使低年级学生形成一种端正的发展取向和就业观念。这需要辅导员职能发生微妙的转换,即要投入精力到导生在内的学生群体指导中,解决更多的宏观问题,即解决导生无法解决的现实问题,为学生活动和实践行为保驾护航,为学生群体提供充分的学习和成长条件。我们可以通过此模式整合学生力量。高等教育规模日益扩大,客观上导致高等院校学生工作层次和工作状况变得更为复杂。留学生辅导员也已根本无法切实满足庞大的留学生群体。面对这种形势,通过选派高素质、综合能力强的高年级学生对新生和低年级学生进行及时的沟通(尤其是在语言有障碍的前提下),加强学生之间的互动和交流,启迪以友爱和互助为内核的人文精神就变得十分必要和紧迫。这种方式可以使教育管理者及时了解和掌握学生生活动态,对留学生的健康成长给予全方位的关注和引导。使留学生更具有凝聚力和团结力,有助于学校和谐校园氛围的形成。

可以预期的是,导生制实施之后,将围绕导生制产生一个有序的学生网络,学生有望成为大学校园中重要的一极,对大学建设等诸多领域产生实质性的影响。这应当是一个有远见的大学所尊重和期许的。大学不光要有大楼、大师,更应当有大爱、大气,这要求有远见的大学管理者们以建设性的眼光应对留学生管理工作中愈加复杂和多样的现实挑战,尊重和包容大学生的进取精神和创造精神,积极为他们提供条件和实施更多的鼓励性政策,相信他们必将给大学带来更多的感动和惊喜,引导和带领学生们共同走向至善至美的新境界。

(2)设立留学生服务中心,做好入学辅导和生活指导

欧美国家的高校留学生管理机构大都分设留学生办公室和留学生服务中心两个部分。留学生办公室是学校的管理机构之一,负责入学申请、学业咨询、签证指导等与学籍管理密切相关的事务管理。留学生服务中心为学生提供各种专业化的生活服务,其服务范围非常广泛,涉及学生接待、住宿安排、心理辅导、医疗保险、社团组织等生活的方方面面。管理与服务通过不同的职能部门实现,组合成完善的留学生管理体系。我国高校的留学生管理机构虽然名称不同,但都是由一个部门行使多种职能,招生、学籍、教学、生活服务一体管理。这种管理模式适合留学生规模较小的院校,但在留学生人数较多的院校中,过多的职能让留学生管理部门不堪重负、应接不暇,当然也无法保证管理和服务的质量。

走国际化发展道路,进一步扩大留学生规模,要求我们探索组建留学生服务部门的新路。成立留学生服务中心,可以将留学生办公室从繁杂的事务中解脱出来,集中精力做好留学生学籍、教学管理。同时,服务中心也可以明确职责,提供更为周到专业的服务。留学生服务中心与留学生办公室分离,将带来管理和服务水平的全面提升,成为吸引更多国际留学生选择中国留学的新增长点。

远赴异国求学,留学生感觉最困难的是刚刚入学的一段时间。语言交流存在障碍,对留学国家的国情、文化不了解,对校园的情况不熟悉,饮食、住宿都还很不习惯,又没有结交到新朋友。陌生的环境常常让他们无所适从,甚至有同学因此抑郁不安。在这一阶段安排专门人员帮助留学生熟悉新的校园生活,会让他们感受到学校的关怀,培养起他们对学校、对中国的友好感情,对于留学生管理工作会起

到事半功倍的辅助效果。实践中,可以设想以1比200的比例招募留学生辅导员,在新生入学的第一个月内为他们介绍学校及周边环境、带领他们熟悉中国的生活、随时随地给予各种他们需要的指导和帮助。留学生辅导员可以从有外语专长、热心留学生工作的中国老师、学生中聘请,也可以从留学生中选拔志愿者。从近期看,聘请留学生辅导员必然要求增加资金投入,在经济利益方面会有些损失。但从长远看,一方面专业的新生入学引导工作会让留学生更了解相关法律法规,有效减轻日后管理工作的压力;另一方面留学生的认同也会带来巨大的社会效益,众口相传也将促进留学生规模的持续增长。

第四节　优化留学生事务管理机制

不断优化留学生事务跨文化管理的物质环境与精神环境,是提高管理实践水平的助推器。

在信息时代,全世界的学生都很依赖网络获得必要信息。然而,调查表明,国内高校留学生事务管理办公室的网站上并没有提供留学生想要知道的确切的信息。例如,留学生选课系统、留学生可以选择的专业名单以及导师的详细介绍。有的仅仅是在宣传本部门工作上的成就,而且语言很单一,除了汉语版,只有英语版。事实上,如果有过浏览欧洲高校网站的经历,就会发现,几乎所有欧洲高等教育区高校的官网,都可以根据需要在三到五种语言中做出选择,这正是欧洲高等教育区一体化发展状况的体现。在这一点上,国内高校应该多多借鉴。尽管英语作为一种现行的社会通用语言,在实际操作中,还是可以通过两种以上语言进行外事部门的网站建设。

目前,高校普遍开通了国内学生的学生管理信息系统(含研究生),收到了良好的效果。在运行过程中,学生可以通过网页输入个人信息确认登录,即可进行网络选课,个人学分信息查询等操作。但是在部分高校的留学生群体中,其选课还没有实现独立操作,还要先提交纸质的选课单,在留学生教务老师的帮助下,进行选课信息的汇总与输入,这一过程中问题层出不穷,因为学生书写问题辨认不清导致输入信息错误,产生学生目标课程与实际所选课程不一致,并因为缺乏兴趣和无法改变选课的原因出现逃课和考试不合格的结果。这些不仅导致了资源的浪费,同时打乱了留学生的学习安排与进程。

目前,在构成高校整体环境的各项指标中,包括图书馆、实验室、自习室,文体活动场馆在内,除了图书馆还差强人意外,其他硬件设备建设不足的问题比较突出。留学生对高等学校优美的自然环境、探究高深学问的气氛和有中国韵味的校园文化有很深的认同心理。因此,高校在优化学校自然环境、提高学校办学条件的同时,更要着力改善学术和学习的环境,营造出浓厚的学术空气、学习氛围、传统文化氛围,让每个留学生参与进来,更好地与本土学生融合,感受到这种氛围的熏陶。大学文化氛围的改善、文化品位的提高,说到底是对至真、至善、至美的追求,是用一种大学特有的高雅、深邃和神圣气象或者说精神追求来陶冶留学生。只有当我们自己的教育首先提升了精神境界,才能在养成留学生精神品位、综合素质上有所作为,也才能在激烈的教育国际化竞争中顺利突围,抢得先机。

总　结

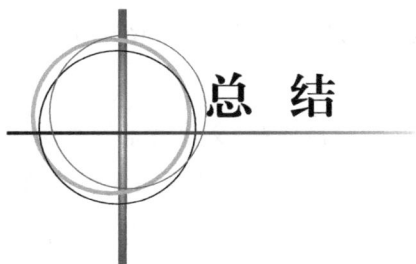

　　自新中国成立以来,经过大半个世纪的曲折发展,我国的留学教育事业历经起步期、中断期、恢复发展期,至今已经步入了快速发展阶段。中国国际地位和中国高校在世界一流大学排名的提升,促使更多的来华留学生将中国看作留学的首要目的国,在华、来华留学生数量不断增加,我国成为继英国、美国之后世界上第三大留学生输入国,与此同时,来华留学生的学历层次更加丰富,学习专业更加广泛,国际人才培养向多方面发展。来华留学生教育是我国高等教育的重要组成部分,在来华留学生规模不断壮大、空前提高的情况下,提高来华留学生的教育管理质量已成为国际教育事业的重中之重。教育管理质量达不到较高的水平,庞大的学生规模便成为国际教育的负担,不仅会引发现实的教育管理问题,也会造成来华留学生对留学国的排斥和不信任,影响国家形象。

　　从1950年我国招收来自东欧社会主义国家33名留学生开始,在高校外国留学生教育管理事业70多年的探索发展过程中,尽管教育主管部门提出对留学生要进行"严肃管理,适当照顾"的要求,然而,受当时特殊国情和社会政治经济环境的影响,高校的留学生教育管理实践却呈现"特殊照顾"的特点,甚至在很长一段时间内发展成为"特殊化"管理模式。主要表现在:生活上的特殊照顾和学习方面单独教学的特殊管理等。尽管如此,特殊时代背景下的"特殊化"管理模式在特定的历史阶段仍然对留学生教育管理起到过积极的推动作用。

　　然而,随着高等教育国际化水平的发展,近年来,世界各国之间的对话与交流日益紧密,来自世界各国的留学生的生源规模不断扩大,中外学生之间、中外师生之间多层面多领域的交流使得校园文化呈现多元化的特点,各种意识形态、政治倾向、文化观念并存,形成多元的文化形态与激烈的价值冲突。教育管理过程中不断凸显的矛盾与问题对既有的特殊化模式提出了越来越严峻的挑战。不断解放思想、突破旧有传统模式的束缚、顺应文化多元发展的需要、打破阻碍文化交融发展的壁垒、探索多元化条件下的跨文化管理模式成为新形势下高校来华留学生事务管理最为迫切的变革期待。

事实上,高校留学生事务管理与国家特有的政治经济体制、文化背景等密切相关。国外和我国港澳台地区高校根据自身社会发展、历史文化价值观与大学使命,在长期的学生事务管理中探索和形成的特色做法,为探讨留学生事务管理的变革提供了很具启示性的实证范式。然而,我国大陆与欧美国家、我国港澳台地区的社会制度、文化背景、舆论观念、经济基础不尽相同,因此,完全照抄照搬这些理念、理论与模式显然不可取,漠视现状、因循守旧、固步自封自然也行不通。因此,我们必须在考虑国际高等教育管理普世性原则的同时,进一步根据我国国情与社会发展要求,找到与特定社会制度下高校留学生群体本身发展的对应性,对高校来华留学生事务跨文化管理进行新的系统设计。

本书提倡的高校来华留学生事务跨文化管理体系,留学生事务管理机构的设置相对独立,权责清晰;留学生事务管理者与留学生之间的关系不再是生硬的管理者与被管理者、绝对的命令者与无条件的服从者,而是一种建立在相互尊重、相互信任基础上的多元化互动的关系。在这样的互动中,管理者扮演一种新的引导者与服务者的角色,在帮助留学生克服各种文化障碍的基础上,使得留学生学习与生活中的多元化发展需求在体系中得到充分满足与实现。同时,搭建"高校来华留学生事务分层管理平台",通过充分发挥该平台中由留学生事务专家组成的虚拟组织——"留学生事务跨文化管理顾问小组"的积极作用,实现对学历留学生进行趋同化管理、对非学历留学生进行市场化管理的分层管理目标。

来华留学生跨文化管理在我国社会发展的现阶段,肩负着国家形象的建设与国际化的发展,不仅是招生高校个体的任务,也是国家相关机构的重要责任,政府相关职能部门如公安部门、外事部门等应该密切与高校联动合作机制,积极主动地融入留学生的跨文化管理工作之中,发挥政府部门的协调组织功能,同时积极制定、完善相应的管理制度与法律法规,为高校留学生跨文化管理的制度化提供必要的前提条件,主要分为以下几个方面。

首先,制定与完善相关政策规章。政府相关立法部门作为来华留学生管理规章制度或规定的制定机构,应该不断完善来华留学生管理的规章体系,适时合理调整管理细则,以适应不断变化发展的留学教育,如针对问卷调查所显示的留学生在华兼职与就业问题,可以尝试提供临时性的工作许可证等相关规定,在制定的管理规章中逐渐实现来华留学生的跨文化趋同管理,为院校的趋同化管理提供政策依据。在中央制定政策的前提下,地方政府应该积极以本地区留学教育特色与地方区域特色制定细节性的管理规定,如在外向型经济发达的沿海城市,对于涉外人才需求量供不应求,人才供给短缺可以尝试放宽来华留学生的就业限制,制定允许特殊留学生人才适当择业的地方性管理规章制度。同时,在制定地方性发展规划法规时注意涉外留学生方面,将留学生的各方面管理纳入地方政策规定的制定中。

其次,政校合作社会化联动管理。来华留学生管理涉及面广泛,诸如交通、签证、出入境、日常安全管理等多个方面的社会化管理方面都需要政府相关职能部门的联动参与,政校合作的社会化联动管理是必然选择,地方政府应该积极与地方招生高校进行相关联动管理,尤其是交通、安全、出入境等方面主动邀请政府人员对留学生进行相应的入学教育或专题讲座,积极收集留学生的社会性问题反馈以便后期进行相关的政策制度完善,宣传有关的管理规章制度,派驻合适的专业性管理人员与地方高校联合管理来华留学生。政府相关部门组织面向来华留学生的各类竞赛、展会、演出、公益等活动,提供相应的财力、物力如奖金经费和场所的支持,通过联合多招生高校留学生组织多样化活动,如“感知中国”“留学生才艺大赛”“汉语桥”等,加深来华留学生对中国多方位、全面性的认识与理解,丰富其留学生涯,形成美好留学记忆,提高对中国的友好态度与认可,塑造良好的中国形象并为加强与来源国的友好国家关系。

再次,随着我国改革开放以来众多院校开始招收来华留学生,招生院校的数量和范围不断扩大,除新疆、云南、黑龙江等国界邻省院校和东部发达沿海城市院校外,中西部许多院校也开始逐渐招收来华留学生。众多院校的留学生管理实践产生了众多的管理模式与经验,新型的工作方式、工作方法也不断涌现,虽然在当前信息化时代下,获取相应的信息比较容易,但却要耗费众多的人力资源,同时一些特殊的管理模式只有在管理者的亲自说明下才能得以借鉴吸收,因此需要一个牵头组织者在众多的招生院校定期组织交流,共享管理经验,这一组织者角色政府有关部门应该“当仁不让”,充分发挥出自身的管理组织优势,定期组织全国招生院校的多院校交流会议,如地方性的“来华留学工作研讨会”等会议,为来华留学生管理经验交流搭建良好平台。政府打造国际化的城市氛围,来华留学生众多择校影响因素与留学管理满意度影响因素中城市的国际化氛围人文环境影响性较为明显,政府部门应该努力构建友好的国际化人文环境,在城市宣传与发展过程中将多元国际文化与本地文化相融合,构建国际性大都市文化圈,使得各国来华留学生在领略地方特色文化的同时找寻到同属文化的城市印记,提高对于地方的城市认同感,为其跨文化管理打下良好的心理基础。

最后,来华留学生就业实习与工作的满意度调查表明,还需在相应管理工作中提高与完善。地方政府应该加快构建留学生实习与就业创业基地,为来华留学生提供良好的实习就业平台。同时,包括国际性就业信息的收集汇总也只有政府有关部门才有能力实现最优化,为留学生归国后工作提供必要信息,组织跨国性企业面向来华留学生的国际性招聘会,解决其归国工作的后顾之忧。

本书整体遵循"问题—原因—对策"的研究思路,以跨文化教育交流为主要背景,指出来华留学生在招生、教学、生活管理三个方面共存在10个具体的问题,如部分招生投入不足、手段单一,教学管理交叉,语言文化差异突出等,存在问题的原因不仅是由于高校教育管理的态度相对模糊、制度不完善、师资不充分、渠道不畅通等,同时来华留学生本身的素养水平、精神文化差异、交流障碍也是造成各种教育管理冲突不可忽视的重要原因。为解决这一问题,高校应总结我国70多年来国际教育发展的经验,结合当前来华留学生6大方面的基本情况,借鉴国外有益教育管理模式,从教育、管理两大主体入手,提高师生跨文化环境下接受和适应程度,以高校改善教育管理为主导,创建一个良好且具有适应性的教育管理大环境,提升教育管理的适应性。同时,把握对来华留学生适应性管理程度,引导留学生自身积极的转变自我思想和行为,提升对教育管理的配合度。二者相辅相成,共同构建高校良好和谐的教育管理环境,提升教育管理质量,以促进我国国际教育事业,高等教育事业发展,并在教育管理中增进理解,实现异质文化的交流融合,树立良好国家形象。

高校来华留学生教育管理研究是一个内容丰富的研究领域,本书从招生、教学、生活三方面入手分析其存在的问题,并将奖学金和就业纳入教学管理中,虽拓宽了研究范围,但各方面分析缺乏深入性和细致性。而所进行的以问卷和访谈为主的调查中,由于受到个人能力及客观地区因素限制,问卷调查群体只进行了三个地区中不同高校类别(双一流及普通高校)中师生的调查,教师管理者群体问卷及访谈对象数量偏少,这些都是后续研究需要改进之处。

参考文献

［1］中华人民共和国外交部.推动共建丝绸之路经济带和21世纪海上丝绸之路的愿景与行动［EB/OL］.（2015-03-28）［2024-03-24］https：//www.fmprc.gov.ch/wjb_673085/22jg_673183/gjjjs_674249/gjzzyhygk_674253/ydylfh_692140/zywj_692152/201503/t20150328_10410165.shtml.

［2］中国政府网.统筹推进世界一流大学和一流学科建设实施办法（暂行）［EB/OL］.（2017-01-04）［2024-03-24］. https：//www.gov.cn/xinwen/2017-01/27/content_5163903.htm#1.

［3］中国政府网.教育部2018年工作要点［EB/OL］.（2018-02-06）［2018-09-04］. http：//www.moe.gov.cn/jyb_sjzl/moe_164/201807/t20180716_343155.html.

［4］许海霞.以"一带一路"建设引领教育对外新格局［EB/OL］.中国科学报（2018-01-23）［2024-04-06］. https：//news.sciencenet.cn/htmlnews/2018/1/400881.shtm.

［5］胡军，王力东，熊卫华.跨文化教学管理模式的理论与实践［J］.未来与发展，2009（5）：58-61.

［6］王力东，陈岩峰.从跨文化管理理论到管理教育实践［J］.未来与发展，2008，29（5）：60-63.

［7］Charles Mitchell. International Business Culture［M］.上海：上海外语教育出版社，2002：14.

［8］Oberg K. Cultural Shock：Adjustment to New Cultural Environments［J］. Practical Anthropology，1960（7）：177-182.

［9］和苏超.基于心理契约理论的跨文化管理激励研究［J］.企业导报，2012（12）：168.

［10］郑兴山.跨文化管理［M］.北京：中国人民大学出版社，2010：10.

[11] 董光前.高校跨文化管理中的协同与融合[J].西北师大学报(社会科学版),2007(6):62-64.

[12] 段伟.留学生管理中的问题及其对策[J].煤炭高等教育,2011,29(2):82-84.

[13] 林宣贤.从文化冲突看高校留学生管理工作的改进[J].中国电力教育,2009(7):179-180.

[14] 冒大卫.浅析高校留学生管理工作的理念与机制创新[J].思想教育研究,2011(1):92-94.

[15] 张健,张宪.浅析高校来华留学生教育管理模式的发展趋势[J].东北财经大学学报,2002(3):73-75.

[16] 陈晨.在留学生管理中运用中国传统文化的探讨与实践[J].科技信息,2011(14):415.

[17] 方玲波.关于高校留学生柔性管理的思考[J].教育与职业,2006(32):39-40.

[18] 黄彩云,潘倩.我国高校中留学生管理问题及其思考[J].科技创业月刊,2013,26(4):63-64.

[19] 宋兰香.来华留学生的文化差异与管理[J].企业技术开发,2011,30(1):158-160.

[20] 付萍,马翠翠.留学生管理工作中存在的问题及对策分析[J].中国外资,2013(4):272

[21] 赵芃,原晓敏.来华留学生跨文化教育管理工作的实践研究[J].中国校外育,2013(12):5.

[22] 刘云燕.高校留学生管理工作研究[J].教育教学论坛,2013(43):8-9.

[23] 张磊,罗丽娟,韦玉敏,等.海南高校留学生现状分析与管理对策建议:基于对海南省三所高校留学生情况的调查[J].中国校外教育,2012(18):37-38.

[24] 陈昭全、陈晓萍、张志学.超越东西方文化的研究:梁觉论文选集[M].北京:北京大学出版社,2017:291.

[25] Morris M W, Leung L, Ames D, et al. Views from Inside and Outside: Integrating Emic and Etic Insights About Culture and Justice Judgment [J]. Academy of Management Review,1999,24(4):781-796.

[26] Hui C C H.Individualism-Collectivism:Theory, Measurement, and Its Relation to Reward Allocation[D]. Urbana-Champaign:University of Illinois, 1984.

［27］Hsu F L K. Americans and Chinese：Passages to differences［M］. Hawaii：University of Hawai'i Press，1980.

［28］Tinsley C M，Brodt S E. Conflict Management in Asia：a dynamic Framework and Future Directions［M］. Boston：Kluwer，2004.

［29］Burgmann I，Kitchen P J，Williams R. Does Culture Matter on the Web？ ［J］. Marketing Intelligence & Planning，2006，24（1）：62–76.

［30］马玉梅，姚晓盈.基于主观文化视角的西方跨文化管理理论综述［J］.海外英语，2012（9）：19–21.

［31］Geert H. Culture's consequences：International Differences in Work–Related Values ［M］. California：Sage Publications，1980.

［32］Triandis H C. Reviewed Work：Cultures and Organizations：Software of the Mind. Geert Hofstede［J］. Administrative Science Quarterly 1993，38（1）：132–134.

［33］Mintu A T. Reviewed Work：Cultures and Organizations：Software of the Mind Geert Hofstede［J］. Journal of International Business Studies，1992，23（2）：362–365.

［34］Earley P C，Mosakowski E. Cultural intelligence［J］. Harvard Business Review，2004，82（10）：139–146.

［35］Earley P C，Ang S. Cultural Intelligence：Individual Interactions Across Cultures ［M］. California：Stanford University Press，2003.

［36］Austin A. Cultural Intelligence：a Guide to Working with People from Other Cultures ［J］. Leadership & Organization Development Journal，2006，27（1）：83–84.

［37］时秀梅.文化与跨文化管理相关理论［J］.中国商界（上半月），2009（9）：77–79.